歴史文化ライブラリー

31

ヒトとミミズの生活誌

中村方子

吉川弘文館

目次

地　質　年　代　表

（単位：百万年）

代	紀		世	年
				0
新生代	第四紀		完新世（沖積世）	0.01
新生代	第四紀		更新世（洪積世）	1.65
新生代	第三紀	新第三紀	鮮新世	5.3
新生代	第三紀	新第三紀	中新世	23.5
新生代	第三紀	古第三紀	漸新世	34
新生代	第三紀	古第三紀	始新世	53
新生代	第三紀	古第三紀	暁新世	65
中生代	白亜紀		後期	96
中生代	白亜紀		前期	135
中生代	ジュラ紀		後期	154
中生代	ジュラ紀		中期	180
中生代	ジュラ紀		前期	205
中生代	三畳紀		後期	230
中生代	三畳紀		中期	240
中生代	三畳紀		前期	245
古生代	二畳紀			295

代	紀	世	年
			295
古生代	石炭紀	上部 後期	325
古生代	石炭紀	下部 前期	360
古生代	デボン紀		410
古生代	シルル紀		435
古生代	オルドビス紀		500
古生代	カンブリア紀		540
先カンブリア時代			

日本地質アトラス（地質調査所，1982）および Odin（1994）による．Steiger and Jäger（1977）壊変定数を使用．（国立天文台編『理科年表』1997，丸善より）

1 地球の生命とミミズ

約四億年前、陸上生活をはじめた植物や動物によって、陸地には有機土壌が形成されてきた。

ミミズの化石

北アメリカのケンタッキー州では、オルドビス紀（五億～四億三五〇〇万年前）の地層から、またイギリスのヘレフォード州では、シルル紀（四億三五〇〇万～四億一〇〇〇万年前）の地層から、さらに北アメリカで石炭紀のミシシッピー層（三億六〇〇〇万～三億二五〇〇万年前）から、それぞれミミズの化石がみつかっている。ミミズは、生命が陸上で生活するようになったもっとも初期から陸上で生活し、今も生きつづけている動物である。

約二億三〇〇〇万年前に出現し栄えた恐竜は、約六五〇〇万年前に絶滅してしまい、恐竜のいたころは目立たない存在だった食虫類から分化して栄えるようになった哺乳類が繁栄し、その一種として約四〇〇〇万年前からヒトの進化が進んできたという認識が現在存在する。

ヒトとミミズとのかかわりについて考えるとき、たぶんあるときにはヒトはミミズを食物として飢えをしのいだこともあっただろう。今も多くの動物がミミズを食用にしているし、ニュージランドのマオリ族のある部族の人達は、八種のミミズを食用にしていたとのことである。アメリカのカリフォルニアでミミズ調理法のコンテストに二〇〇〇以上の調理法が提出されたと子供の本に書かれており、ヒトにとっても優れたタンパク質を含んだ食材として、今では認識されているらしい。日本でもこの優れた食材を用いて調理法が工夫され、大変おいしい刺身やハンバーグが作られ、普及法を検討していると『読売新聞』（一九八〇年二月）の記事は報道していた。

文明とミミズ

しかし、ミミズについて文字によって残された記録は比較的新しいために、古くからのヒトとの関係を知ることはむずかしい。最後の氷河期以降、もっとも古い約一万年前の農耕遺跡をエリコ（イスラエルの古い町）にみることができるが、人類が農耕生活を営なむようになったこととミミズは深くかかわっていよう。もっとも一九七九年になされた研究によれば、ナイル河流域のアスワン近郊では一万七〇〇〇年前にすでに農耕が開始されていたということである。

あの巨大なスフィンクスやピラミッドを建設したエジプト文明の発展を可能にしたのは、ナイル河流域の土壌による大きな生産力と耐久力の故であったともいえよう。もしそうでなかったらエジプト人は移動農業に従事しながら、原始文化しか持たない遊牧民にとどまっていたことだろう。そのような土の持続的肥沃さをもたらしたのは、ナイル河の氾濫による肥土の運搬と、エジプトの土壌形成にかかわったミミズたちの影響ではないだろうか。

クレオパトラ七世（紀元前三〇年に自殺）は、エジプト農業にミミズが大きく貢献していることを認め、ミミズを大切にし、国から持ち出すことを禁じていたという。

エジプトの象形文字ヒエログリフにはミツバチ、フクロウ、ヘビ、魚などのさまざまな動物が用いられているが、ミミズは見当たらないから古くからエジプト人がミミズとヒトとの関係を意識していたわけではないらしい。

他方、キリスト教について見ると、聖書のなかにミミズに関する記述は見当たらない。ミケランジェロが描いたバチカンのシスティナ礼拝堂の天地創造の天井画にはどこにもミミズは描かれていない。神の創造の業《わざ》としてはミミズは創られなかったのだろう。ルネッサンスまで、ヨーロッパの絵画のなかに生態系的自然の認識はなく、その後も人々の意識のなかにミミズが認識されるには時間が必要だったようだ。

イギリスのギルバート・ホワイトが著わした『セルボーンの博物誌』「第三五信」（一七七七）のなかに、彼のミミズについての素晴しい見識が記されている。彼は、より深くミミズについての研究がなされることを望んでいた。それから数十年後、イギリスのハムプシャー州セルボーンにほど近いケント州のダウンに居をかまえていたチャールズ・ダーウィンは、生涯の間の長い時間をかけてミミズについて研究し、ホワイトにも言及しつつ、「ミミズの作用による栽培土壌の形成、およびミミズの習性について」（一八八一）を著わした。しかし、人々がミミズについて、より研究を進めたのは主として一九五〇年代以降といえよう。

約六〇〇〇年以前より文明を持つにいたった人間の出現によって、多くの地域で土壌形成とヒトの活動の関係が大きく変化し、土壌や土壌が養っている多数の生物をすべて衰退にむかわせつつある。ヒトが気付かないうちに陰で文明の発展を支えてきたであろう生き物たち、とくにそのなかのミミズについてよりよく知り、ともに地球に生きる生命として、私達はそれを意識してゆけたら幸いだと思う。

ヒトとミミズ

ミミズの認識と変遷

ミミズという生き物は人間よりもずっと長い間、地球上に生きつづけており、人々の身近なところにいるにもかかわらず、意外にその存在を認識されていない。

路傍の石としてのミミズ

子供のころ、庭で放し飼いにされていたニワトリがくちばしで土をほり、ミミズをふりまわしながら食べるのを見たり、多数のアリにかみつかれてもがいているミミズを見たりした記憶がある。小学生になって学んだ「舌きりスズメ」のおとぎ話は、糊をなめてしまったスズメの舌をきったいじわるなおばあさんと、そのスズメをいたわった心優しいおじいさんがいて、スズメのお宿を訪れたおじいさんは、金・銀・さんごのつまったつづらをお土産にもらい、おばあさんは毒蛇・ゲジゲジ・ミミズなどのつまったつづらをもらったという内容だった。縁日のお化け屋敷の呼び込みは「ろくろ首の人間がミミズの素麺《そうめん》を食う」というようなことをがなりたてていた。そのようにミミズについてはこれでももっていけというような無価値なもの、いやなものとしてのイメージを子供心に残した。

なぜだろうか。ミミズには人々が目の色を変えて入手したがる美しさはない。また、かみつかれたり刺されたり、それに作物が食い散らされたりするという不快さもない（ホワイトによれば、農民は青麦が食いあらされるのをミミズのためと思っていたらしいが、それはナメクジによるものだった）。ペストを伝染させたペストノミとそれを運んだクマネズミのような病気との関わりもない。食糧として珍重されたことも、ニュージランドのマオリ族のある人達を除けばごく稀《まれ》である。すなわち、人はこの動物を意識することなく生きてこられたのである。路傍の石と同じく、踏み付けたりけったりしても、その存在に人々は無関心だったのである。

ヨーロッパの絵画を見ると、ルネッサンスまで人や神以外に関心がむけられていない。ルネッサンスになって、ボッチチェルリの「ビーナスの誕生」や「三美神（プリマベラ）」、ミケランジェロの「聖家族」など自然環境をも含めて描いた絵画が見られるようになった。

キリスト教とミミズ

そして今、ルネッサンスにおける一大偉業、ミケランジェロが『旧約聖書』の創世記に基づいて描いた、システィナ礼拝堂の天地創造の天井画を美しく修復された状態で私達は見ることができる。

しかしアダムとイヴのいた園にも、ノアの方舟《はこぶね》にもどこにもミミズは描かれていない。『旧約聖書』そのものがミミズにほとんどふれていないのである。ブヨ、アブ、イナゴ、ウヅラ、野のユリなどにはふれているのにである。

キリスト教の司祭の研究成果として発表されているところでは、天地創造のときは今から約六〇〇〇年前とのことである。アイルランドの大司教ジェームス・アッシャーは、さらに詳しく紀元前四〇〇四年一〇月二六日の午前に、神は天地創造をなさったと数字を述べているそうである。要するにキリスト教の世界では、そのような時代の認識のなかでミ

図1　ハトシェプスト女王葬祭殿のイカの壁画

ミズは登場しないのである。神の創造の業《わざ》としてはミミズは創られなかったのだろう。

一方、古代エジプト文明のなかでミミズはどのような認識をされただろうか。エジプトでは約数十万年前からナイル渓谷で人々が生活を営なむようになった。

古代エジプト農業とミミズ

エジプト文明の一端は、八〇基も残っているピラミッドに見ることができるし、数々の王の墓の壁画や建造物に見ることもできる。絵画について見るならば、約三五〇〇年も前に作られたハトシェプスト女王（紀元前一五〇五～一四八四）の葬祭殿の壁画（図1）には素晴しい写実的なロブスターやイカが大きく描かれ、それを漁《すなどり》する人達が説明的に小さく描かれていたりする。その他多くの果実や、麦や踊る人達や、楽器を奏でる人達が描かれている。天界で冥王にあってからミイラのなかに戻った王の魂カーが飢えたり寂しがったりしないようにと描かれたそれらの画は素晴しい。しかし、そこにはミミズは描かれていない。それらのところに描かれていたヒエログリフは実に美しい象形文字である。一八二二年にフランスのシャンポリオンによって、ロゼッタ石に描かれたヒエログリフが解読され、約三世紀まで三〇〇〇年近くにわたって使われてきたこの文字によって、エジプトに関する多くのことが分かってきたのだが、その象形文字のなかにミミズはとりいれられていない。

一字一音のヒエログリフは、エジプトのワシ、開花アシ、二つの開花アシ、前腕、ウズラの雛、足、踏み台、角がある毒蛇、フクロウ、水、口、アシの小屋、よじれた亜麻、胎盤、乳首のある動物の腹、カンヌキと折り重ねた布、池、丘の斜面、把っ手つきの籠、ビン立て、パン、つなぎわ、手、蛇などであらわされている。ほかにハチ、ライオン、ヒヒ、スカラベ、ウサギ、カモ、魚、椅子に座っている人などさまざまであるが、ミミズを探すことはむずかしい。ヒエログリフにはミミズがのたくったと表現される文字はないのである。

筆者はツタンカーメンの墓近くで蜂にさされひどい痛みを経験したために、ヒエログリフのなかの蜂を象《かたど》った文字にはとくに強い印象を持った。それは美しい象形であった。

エジプト農業にミミズが大きく貢献していることを認め、ミミズを大切にし、国から持ち出すことを禁じたのはクレオパトラ（七世）だが、紀元前三〇年この人の死とともに古代エジプト文明は終末を迎えた。

アリストテレスの認識

自然の事象に関する認識について広くふれているギリシアのアリストテレス（紀元前三八四〜紀元前三二二）の著述をみると、ミミズについては『動物発生論』のなかに、「大地のはらわた」として、

動物の中の或るものは、蛆《うじ》の状態で生まれるが、これには無血動物であって動物から生まれるのではないものがあり、有血動物であって、たとえば、ボラその他の川魚の或る類だとか、ウナギの類のようなものもある。すなわち、これらはみな本性上血液は少ないが、それでも有血動物であって、諸部分の血液性原理である心臓をもっている。『大地のはらわた』（ミミズ）と称するものは蛆の性質を持っており、彼らの中にウナギの体ができるのである。それゆえ、また人類や四足類の発生についても、もし彼らが、或る人々のいうように、いつかかつて大地から生まれてきたのだとすれば、以上二つの様式の中の一方で生ずると考えてよかろう。すなわち、最初に蛆のようなものが形成されて生ずるのか、それとも卵から生ずるのか、どちらかであって、自体内に生長するための栄養を持っているか（こういうはら子が蛆なのである）、それともよそから取り入れるか、どちらかでなければならないからであるが、後の場合は雌親

からか（胎生）、はら子の一部分から（卵生）でなければならない。（島崎三郎訳『動物発生論』）

と記るされている。すなわち、アリストテレスはミミズを大地から親がいないのに生まれてきたものと認識し、その認識が人々に影響を及ぼしていたのである。

人間についてさえ、オランダのハムが、一六六七年に顕微鏡でヒトの精液のなかに精子を発見してもなお、一九世紀に至るまでキリスト教の教養としては、神によって作られた人のヒナ型が精子のなかに存在し、女性の体内で育くまれて生まれてくるという前成説がまかり通っていたのだから、ミミズに関するこの誤った認識もやむをえなかったのであろう。

ホワイトの観察

ずっと後になって自然のなかでミミズを冷徹な目でとらえた記述を、イギリスのギルバート・ホワイト（Gilbert White,1720–1793）の『セルボーンの博物誌』のなかに見ることができる。その部分を一部引用する。

デインズ・バリントン氏宛ての書簡

一七七七年五月二〇日、セルボーン

しばしば洪水に見舞われる土地は、いつもやせていますが、多分これは、ミミズが溺死するからでしょう。最もつまらない昆虫や爬行《はこう》動物でさえ、迂濶《うかつ》な人間の気づくよりはるか以上に重大な価値を持ち、また自然界の組織に極めて重大な影響を与えています。殆ど注意の対象にもならぬほどに彼等が微小であることを思い、またその夥《おびただ》しい数と多産力とを思えば、彼等の与える影響の大きさが、なるほどとうなづかれる。ミミズは見たところ自然界の連鎖の、賤《いや》しむべき小さな一環にすぎぬようですが、しかも、もしこれが失くなれば、まことに残念な間隙《かんげき》ができるでありましょう。なぜなら、殆ど全くミミズによって生命を保っているといってよい鳥類のなかば、また或種の四足獣のことはさておき、ミミズは土をうがち、土に孔をあけ、また土を柔らかくときほごすことにより、また藁だの、葉や小枝の軸だのを土の中に引き込んで、雨や植物の髭根をも土中に万遍なく行きわたらせることにより、またとりわけ彼等の排泄物で、穀類や草本には結構な肥料となる土塊、いわゆるミミズの糞を、実に夥しくせりあげることにより、さもなくば甚だ不完全な状態しか示さない植物の、偉大な育成者の役目をはたすらしい。雨のため土が洗い流される丘や傾斜地に、新しい土を供給してくれるのは、多分ミミズでしょう。（寿岳文章訳『セルボーンの博物誌』）

と。さらに「人間がたとえ気付かなくても、土の中にいる夥しい数の土壌動物は、その多産力もともなって、土に大きな影響を与えている。その中でも、ミミズは自然界の連鎖の一環にすぎないかも知れないが、もしいなくなったら大変で、ある種の鳥類や、ある種の獣はミミズによって命を保っているのである」という、このような生態学的といえる見解を述べている。

生態学的なものの見方は、チャールズ・ダーウィンが一八五九年に著わした『種の起原』のなかで、「比較的大きな属に属する優勢な種の変化した子孫は、それが属する群を大きくさせ祖先たちを優勢にさせたいろいろの利点を遺伝されている傾向があるわけだから、それらの種がひろく分布し、自然の経済のなかでますます多くの位置をしめていくことは、ほとんど確実である。それゆえ、より大きくてより優勢な群れはますます大きくなり易く、その結果、多数のより小さくより弱い群れにとってかわってしまう」と述べた認識のなかの、「自然の経済」という観点にドイツのエルンスト・ヘッケルが着目して、一八六六年に『生物の一般形態学』を著わしたなかで定義している。その本のなかの「進化論と選択学説」の章で、「外囲環境に対する生物の関係についての総合の科学を生態学という。外囲環境とは無生物的自然と、生物的自然である」と定義し、また「外囲環境に関する動物の関係は、さらに住み場所に関する分野、分布学と経済に関する分野、生態学に分かれる」と定義したのである。「経済的側面、すなわち物質やエネルギーの収支の側面から生物と外囲環境とを関連づけてゆく総合科学」を生態学と定義したのだが、このようなヘッケルの定義より、ホワイトは九〇年以上も前に、そのような観点にたって、自然のなかのミミズの存在を認識していたのである。さらに、

庭師や農夫は、ミミズをうとんじ憎む。庭師が憎むのは、せっかく丹精して作りあげた道が、ミミズのために醜《みにく》くなり、彼等に手間をかけさせるからでしょうし、農夫の憎《にく》むのは、ミミズに青麦を食われると思いこんでいるからでしょう。しかしこれらの手合いといえども、ミミズがいなければ、土は直ちに冷え、固くかたまり、醱酵《はっこう》をとどめ、遂に不毛となってしまうことを悟るでしょう。かつ、ミミズのために是非とも弁じておかねばならぬのは、青麦や草本や、花類は、ミミズによってそこなわれるよりは、寧《むし》ろ、幼虫すなわちヂムシの状態の鞘《しょう》翅《し》類《るい》やガガンボの多くの種類により、

また田野や菜園で、音も立てず、人の知らぬ間に、驚くべき荒廃作業をあえてする、殻のない小さなカタツムリ、すなわちナメクジの眼につかぬ巨万の大群による方が、はるかに多いのです。（寿岳文章訳『セルボーンの博物誌』）

と述べて、作物が食い荒らされた悔しさを、たまたま目にしたミミズのせいにする農夫の観察眼の誤りを記している。

土のなかにコガネムシの幼虫やナメクジやガガンボの幼虫など、多種類の動物が生存していることにもふれている。それは、ミミズをめぐる土のなかの多種類の動物の相互関係、すなわち土壌動物の群集の認識でもある。そのような観察結果を記しながら、ミミズを専門に研究する人が現われて、もっと研究を発展させたらよいのだが、と希望を次のように述べている。

ミミズに関する立派な専論が現われたならば、感興にも知識にも同時に寄与すること甚だ大なるものあるべく、博物学に広いまた新しい分野を拓くでありましょう。ミミズは春に最もよく活動する。しかし厳寒の候とて、決して冬眠状態にあるわけではなく、冬でもおだやかな夜ならばいつも出ていることは、蠟燭《ろうそく》をともして芝生を調べる

図２　ダウンにあるダーウィンの記念館

だけの労をいとはぬ人の、誰しも首肯するところでありましょう。ミミズは雌雄同体で、いたく交尾を好み、そのため甚だ多産です。（寿岳文章訳『セルボーンの博物誌』）

ダーウィンたちの研究

イギリスのハンプシャー州セルボーンからさほど遠くないケント州のダウンで、ミミズを長期にわたって研究したチャールズ・ダーウィンが、「ミミズの作用による栽培土壌の形成、およびミミズの習性について」（『ミミズと土』〈平凡社、一九九四年〉の表題で翻訳がある）を著したのは、それから一〇〇年以上を経過した一八八一年のことだった（図2）。

その後、イギリスのベッダード（一八八五）やドイツのミヒャエルセン（一九〇〇）らによってミミズの分布や新種の記載がなされた。

一九一二年、ドイツのアルフレッド・ウエゲナーによって提出された大陸移動説は、地質学・古気象学・古生物学的に矛盾のない説明ができたにもかかわらず、大陸を動かす原動力やそのメカニズムに致命的欠陥があって、一九五〇年代に古磁気学の発達を見るまでほとんど無視されていたが、この説をミミズの分布の状態から支持したのがミヒャエルセンであった。北米大陸東岸とユーラシア大陸とで、移動力の弱い陸生五種と水生三種のミミズの分布がきわめてよく似ているゆえに、かつて大西洋は存在せず、そこは気候と環境が類似した一つの大陸があったに違いない、とウエゲナーは一九二二年の第二版で述べている。現存するミミズの分布を通して地殻の歴史を知ることができるのは興味深いことである。

なお、一九六七年一二月二八日に、南極で中世代三畳紀（二億年前）に生きていた淡水生の爬虫類ラビリンソドント（迷歯竜）の化石が、ニュージーランド人とアメリカ人の若い二人の科学者によって発見され、南極大陸がかつてアフリカやオーストラリアと陸続きであったという証拠となった。さらに南アフリカとインドで採集されていたリストロザウルスも一九七〇年代に南極で発見され、アフリカ、南極大陸、オーストラリア、南米、インドなどがかつて陸続きであったことが明らかになり、超大陸ゴンドワナ大陸の存在が認められるようになった。なお、大陸移動のメカニズムは大洋底拡大説、プレートテクトニクスによって説明されている。

現在この認識の上にミミズの分布をみるとよく理解できる。

アジアでの認識

中国では、一六世紀に李時珍（一五一八〜九三）によって著わされた、『本草綱目《ほんぞうこうもく》』（一五九六）の虫（四二巻）の部で、ミミズについて述べられている。この書は、経験に基づいた自然物の治癒・薬用効果についてのべるとともに生物に対する彼の認識についてもふれており、ミミズは移動するとき、体を引いてのちに伸びるし、それが持ち上げる土は丘のようなので「蚯蚓《みみず》」と名づけたというような説明がある（薬用効果などについては後述する）。環形動物であるミミズを、虫として位置づけていたとはいえ、この当時、人間の生活に関係の深い存在として認識していたことは興味深い。

なお韓国のことわざには、

ミミズも踏まれたらのたくり回る（相彼蚯蚓賎之則蠢）

とある。解説には「いかに貧しくかよわい者でもひどく軽蔑《けいべつ》されると、そのうち怒りを爆発させるようになるものだというたとえ」とある。人や動物を刺したり、かみついたりすることもなく、土のなかで自らの生活をえいえいと、ひたむきに営なんでいるミミズの生き方をよく言い表わしているように感ずる。

徳富健次郎（一九三八）によって書かれた『みみずのたはこと』（岩波書店）は、動物としてのミミズについてはふれていない。著者が田園生活において、ミミズのように土と接触しながら考えたり、創作したことどもを書きあらわしたものである。

身近なところに生きている動物に対する、ヨーロッパ的とアジア的な接し方の違いを感じさせられる。

生命としてのヒトとミミズ

過去の認識

一六六四年にオランダのレーウエンフックによって作られた顕微鏡によって、ハムが一六六七年にヒトの精液のなかに多数の精子が動いているのを発見して以来、キリスト教では、ヒトの雛型が精子のなかに組み込まれており、女性の体内で育《はぐく》まれ、土壌に播いた種子が育つように育って産み出されるという前成説が教義とされていた。しかし、一八五六年、ドイツのプリングスハイムによって海生動物エドゴニウム(Dedogonium)の受精が確認され、雌雄の役割が確認された。そして一九世紀末に直径一〇〇ミクロンから一四〇ミクロンほどのヒトの卵細胞がみつけられた。やがて一九七八年には医師の援助をうけて体外受精された卵細胞が女性の体内で育まれ、ルイーズちゃんという女の赤ちゃんが生まれた。

このようにヒトの誕生は小さな一個の卵細胞に由来していることが認識されてからあまり長い時はたっていない。ミミズもヒトと同様に一個の卵細胞から一個体が生まれてくる。しかし、その卵細胞はミミズの場合、卵包のなかに放出されて、卵包が土のなかに産み落とされ、そこから孵化してくるので親ミミズの体外で育つのである。

卵細胞の情報

ヒトの生命もミミズの生命も、一個の卵細胞に由来することが確認されると、たった一個の小さな卵細胞がなぜ一方はヒトに、他方はミミズになってゆくのかが気になる。それはその細胞を出発点として卵割を繰り返すうちに分化して新しい生命へと発展させてゆくプログラムが卵細胞のなかに存在するからである。インドネシアのジオとスウェーデンのレヴァンによってヒトの細胞のなかに存在するプログラム（情報）が正しく認識されたのは、一八九〇年に細胞学者らがヒトの染色体を数え始めてからずっと後の一九五五年のことだった。

一九一二年にベルギーのハンス・フォン・ヴィニヴァルターによって発表されたヒトの

染色体数は、男性四七本、女性四八本ということで、筆者が学生だったころはそのような誤った情報が教科書に掲載されていた。今、分かっていることは、一般的なヒトの染色体は、二二対の常染色体の他にXXの性染色体を有するのが女性、二二対の常染色体の他にXYの性染色体を有するのが男性であるという知見である。さらに研究が進められ二二対の常染色体の他に、一本のX性染色体のみを有するヒトがターナ症候群（分厚い首と短躯を有し、子宮と乳房の発達が不全であるような症候群）といわれる症状をもっている女性であることがイギリスのポラーニによって明らかにされた。二二対の常染色体のほかに一本のY性染色体のみを有するヒトは生まれない。ヒトの誕生には一本のX性染色体の存在が絶対に必要なのである。さらにクラインフェルター症候群（長身の男性で、乳房が少し膨らみ、しばしば睾丸が萎縮していたり、軽度の精神的不安定を示す）といわれる性染色体の異常に由来する症状がわかり、計七種の性染色体の異常を有するヒトがいることが明らかにされた。

さらにフランスのレジューヌによって、ダウン症のヒトが掌紋に特徴を持っていることを手懸かりに、二一番目の常染色体が一本多いことが、この症状と関連があることが一九五九年に明らかにされた。

ともあれ細胞のなかにある核、その核のなかにある染色体上に一個の卵細胞からどのような生命を作りあげてゆくのかの情報があることが分かった時点から、まだわずか四〇年余りしかたっていないのである。

他方、ミミズに関してはイタリアのオモデオ（一九五二）によって、ヨーロッパのツリミミズ科の一四種のミミズに関して調べられた。

彼が調べたヨーロッパの一四種のツリミミズ科のミミズのゲノム（配偶子に含まれる染色体あるいは遺伝子の全体）の基本は、一一、一六、一七、一八であった。日本にもいるカッショクツリミミズのゲノムは、一八で三倍体四倍体も見られている。他種では五倍体六倍体一〇倍体も見られ、それらのなかに単為生殖を行なう種もあることが明らかにされた。アロロボフォラ・ジョウジー（カッショクツリミミズと同じ属のミミズ、日本にはいない）の染色体の様子を図3に示した。ゲノムは一八で二倍体の染色体数は三六である。私達の身近なところにいるシマミミズ（*Eisenia foetida*）のゲノムは、普通は二倍体で二二本の染色体を有するが、自然状態で一一本の個体も存在するということである。このよう

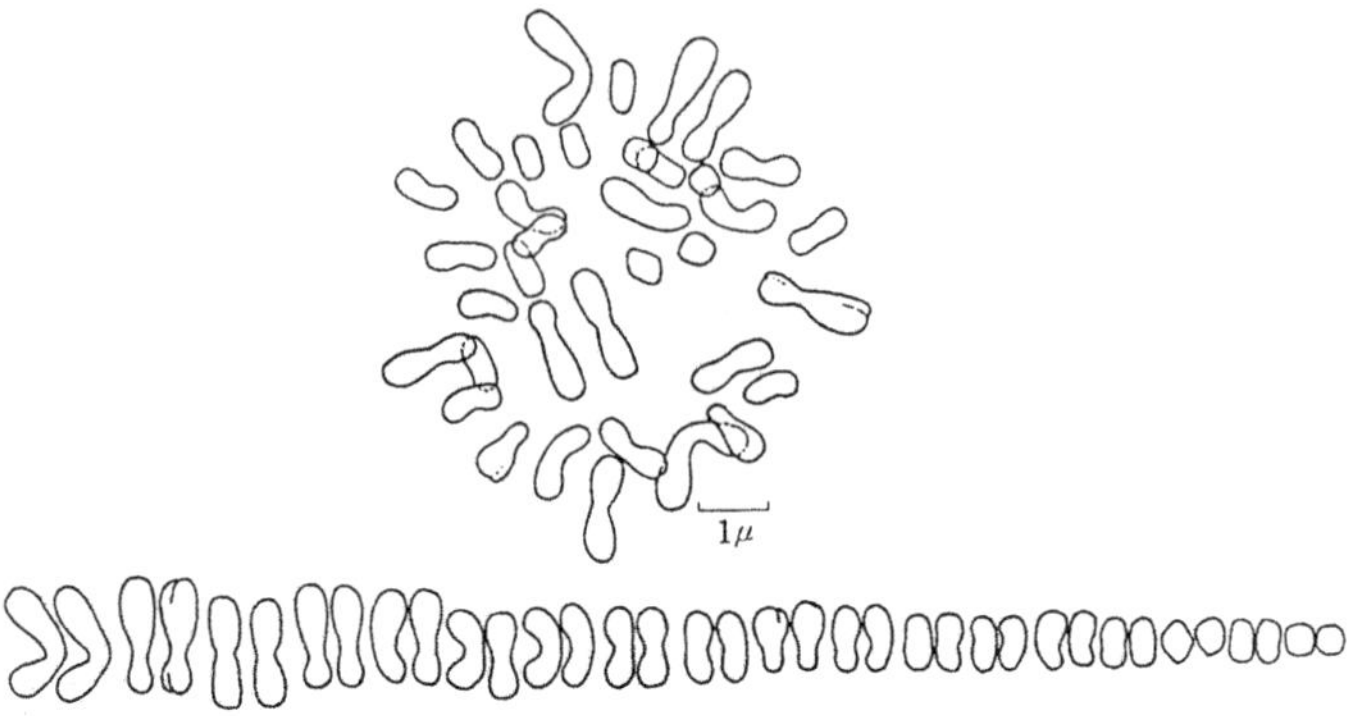

図3　ミミズの染色体
（*Allolobphora georgii* の染色体の核型（2n=36）
Omodeo. Pietro（1952）より）

に卵細胞に存在している情報によってさまざまな種のミミズが形成されてゆくことが明らかにされたが、そのような時からまだ半世紀もたっていない。

一九五三年にアメリカのワトソンやイギリスのクリック、ウイルキンスらによってDNAの化学構造が明らかにされたことを出発点として、生命のさまざまな情報が飛躍的に明確になってきた。一九六五年には、生命を構成している二〇種類（今は二一種類であることが分かっている）のLアミノ酸とRNAの塩基の組み合わせとの関係が解読され、やがて遺伝子組み替え技術の発展へと展開していったのである。

ヒトの卵細胞

一個の卵細胞からヒトまでに至る過程を概観したい。

一般的には、成熟した女性の性周期に基づいて、卵巣から排卵された卵細胞が卵管采から輸卵管に取り入れられ、繊毛の動きで子宮の方へ運ばれてゆき、輸卵管内で精子に出会うと受精へと進行する。精子に出会わないと子宮に着床せずに排出される。

精子に出会って一個の精子が卵細胞のなかにはいると受精膜があがって他の精子の侵入を妨げる。その後、卵細胞が二回分裂して第二極体を放出したのち、精子と卵細胞の核の合体が起こり受精は完了し、ついで細胞分裂がおこって行く。この精子の核に常染色体の他にY性染色体が含まれていれば男子出生、X性染色体が含まれていれば女子出生につながることが一般的である（例外もある。通常Y性染色体にあるTDF《睾丸決定因子》がまれにそこにない場合は男性にならない）。ヒトが男性として生まれるか、女性として生まれるかは卵細胞がY性染色体を持った精子に出会うか、X性染色体を持った精子に出会うかによって決まるチャンス（機会）の問題である。生命の質に優劣の差など存在しないはずである。

受精卵から誕生まで

一九八九年九月に筆者は、パプア・ニューギニアのミミズを調べたくてミミズの研究者イーストン博士を訪ねて大英博物館自然科学部門を訪れた。タイプ標本（新種記載をした標本）を含むさまざまなミミズの標本を手にとって調べさせてもらいながら四日間を過ごした。もちろん机も顕微鏡も、資料も提供してくれた。この間、昼休みには研究室を離れて博物館の多くの展示から学んだ。

一階の一隅の薄暗い一五人か二〇人くらい座れるほどのベンチをおいたところで、オートスライドが稼動していた。そこに座ると胎児が母の体内で聞くのと同じような搏動音《はくどうおん》が聞こえる。母親と手をつないだ幼児がそこに座り、約一〇分間ほどのスライドと解説を学んで、また母親と手をつないで立ち去っていった。大変自然な姿に感じられた。

まず卵細胞と精子が女性と男性の体のどこで生産されるかが示される。卵細胞と精子が出会って受精が行なわれ、卵割がはじまり、胎盤が形成され、やがて胎児の神経系が形づくられ、卵黄も吸収されて、約二カ月後には体長二・五センチメートルほどの小さな人間になり臍《へそ》の緒で胎盤に連結している。それから瞼ができたりしながら生長して、受精卵になってから九カ月後には、母体からどのようにして赤ちゃんが生まれてくるのかも示されていた。展示場の近くの売店では『生まれる前の生命』と題したそのスライドと同じ内容の絵本を約一〇〇〇円で売っていた。

リアルでありながら、ごく自然なヒトの生命誕生に関する教育のありかたに好感をもった。

一九七九年一〇月二三日の『朝日新聞』夕刊の第一面に「男性を作る根源物質。人体細胞から分離成功」という記事があった。

長井幸史博士によって、母校東京都立大学でなされた講演の紹介だった。皮膚ガンの黒人男性の皮膚の細胞から分離したHY抗原を作用させると、牛の胎児の卵巣になるべき組織が睾丸に作り変えられる。XX性染色体を持った睾丸の組織の写真も示されていた。HY抗原は分子量が約一万八〇〇〇で約一八〇個のアミノ酸からなる物質だろうということだった。一九八二年には、大野乾《すすむ》博士によってこの物質のアミノ酸組成が解明された。

一九九一年にアメリカのグッドフェロー博士によってY染色体上のTDF《睾丸決定因子》の遺伝子の部位が明らかにされた。これで性の決定の問題がやっと総合的に分かったと思われた。

受精から約五〇日の間に起こる変化は激しく素晴しい。一ミリメートルの六分の一くらいの直径の小さな一個の卵細胞から激しい変化をしながら体長二・五センチメートルほどの小さな人間にまで生長してゆくのだから生命の神秘さを感じる。しかし、このころまでは胎児は皆女性である。母方と父方からの常染色体のほかに一本のX染色体上の情報が作用してここまでの変化は起こっている。このころ、通常はY染色体上にあるTDF《睾丸決定因子》の作用によって卵巣が睾丸に変えられ、そこからだされる物質の影響で男の脳も作られてゆく。このとき作用している物質が、かつて長井幸史博士によって紹介されたHY抗原というタンパク質である。だからこのTDFの遺伝情報を持った部位が、もしX染色体上に転移していれば、XXの性染色体をもった男性も存在しうる。一本のX染色体と常染色体だけでもターナ症という症状を有するとはいえヒトは誕生しうる。けれどもX染色体の情報なしにはヒトは誕生しえない。

胎児の初期は女性

女性とは何か

ノーベル賞を受賞した医学者であり、哲学者でもある、また『偶然と必然』という本の著者でもあった、フランスのジャック・モノーは、一九七六年に亡くなったが、亡くなる前々夜までも準備にあたった『女性とは何か』というシンポジウムで、性差の意味を明らかにしようとした。モノーが亡くなった後、そのシンポジウムを開催し、討議内容を『女性とは何か』と題する本に取りまとめたフランスのシュロルは、その本のまえがきに、

遺伝学的、発生学的、生理学的な意味での自然の性差に関しては、どちらかの性の有利条件には必ず不利条件が伴っています。したがって、性差があるということは、どちらかの性が優位にたつということでは絶対にないのです。優勢劣勢とは、特定の分野における価値のはしごの存在を暗黙の前提とした物の見方に関連した部分的評価であるにすぎません。（西川裕子訳『女性とは何か』）

と記している。長い間、人々は無知ゆえに男性が優位であるべきだとか、女性が優位であるべきだとか、その性差を認めた社会を形成してきた。ヒトとは何かということについて、やっとたしかな知を得たとき、ヒトは誤った認識の上に性差を基礎とした社会を形成していたのならば、それを是正しなければならないであろう。ジャック・モノーが志ざしたのはその点だったはずである。

図3にイタリアのオモデオによって研究されたツリミミズ科のアロロボフォラ・ジョウジー（日本にもいるカッショクツリミミズに近縁の種）の染色体の様子を示した。

両性を具えたミミズ

一八対三六本の染色体のどこにも性染色体はない。それは、ミミズ一個体のなかに両性の生殖器を具えていて、雄の個体、雌の個体という別がないからである。でも多くの個体は他個体と交尾して精子を交換し、受け取った精子で自らの卵細胞を受精する。単為生殖を行なう種も知られている。

頭部に近いほうにある受精嚢に、交尾した他個体から輸精管を通して精液が送られて貯えられる。

成熟したミミズの一定の位置が肥厚して環帯を形成する。そこから粘液が分泌され、やや固まって幅広の輪ゴムのようになった状態で、そのなかにミミズは雌性の生殖器の開口部から卵細胞を産み出す。その後、後ずさりしながらそのなかに受精嚢から精子を放出する。さらに後ずさりして体をそこから抜くと、幅広の輪ゴムのような膜の作る管の両端がしぼんで小さなレモンのような形の物になり、そのなかには粘液に包まれて、ミミズの受精卵が含まれている。それを卵包というが、それは土のなかに残される。この卵包のなかで卵割をへて、幼ミミズは生長して出てくる。卵包が産生されてから一週間ほどで幼ミミズが出現することもあるが、オーストラリアに生息している体長三・六メートルにもなるメガスコリデス・オーストラリスの場合などは、卵包産生から幼ミミズの出現まで六カ月も要するということである。筆者が観察したこの種の卵包の大きさは、直径が約一・五センチメートル、長さが約五・五センチメートルだった。卵包の大きさも種によって変化に富んでいる。

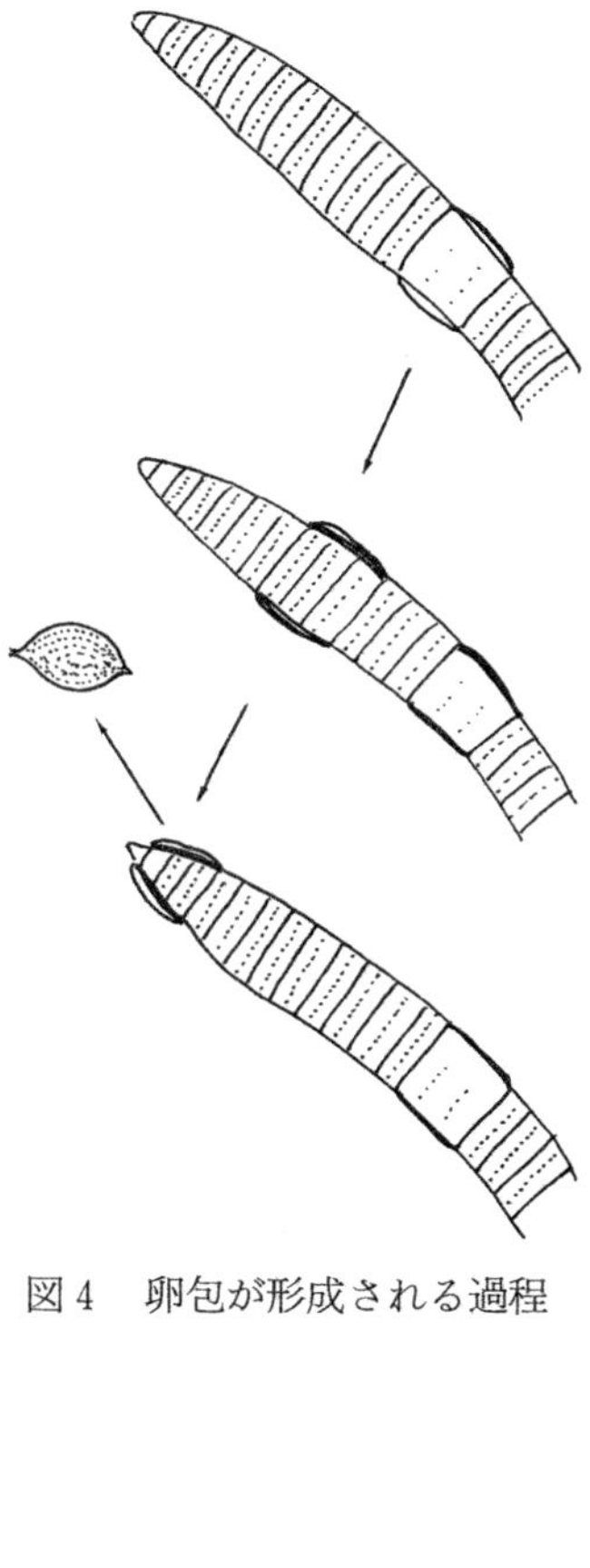

図4　卵包が形成される過程

単為生殖であっても、有性生殖であっても、卵包のなかで卵割がはじまると、それが持っている染色体上の遺伝情報に従って発生の過程が進行する。トロコフォア幼生（担輪子幼生）をへて幼ミミズへと生長して行く。わずかの期間に一個の小さな卵細胞から、血管には赤いヘモグロビンを持った血液が流れているような幼ミミズになるのだから、卵細胞は、細胞外から物質を多量に取り入れて自己形成を行なってゆかなければならない。それは激しい変化である。体節を持った外胚葉、内胚葉、中胚葉からなる動物になる。一九九五年、イギリスの『サンデータイムス』に「寿命をのばす遺伝子が顕微鏡的な小さなミミズから見つけられその研究結果はアメリカの科学誌に発表される」と報道されていたが、発表された論文をみると、ミミズではなくて線虫についての研究がなされていた。ミミズも線虫も小さいものは顕微鏡でみなければわからないほど小さく、口から肛門まで一本の管状で、見た目には似ていても、ミミズと線虫はまったく異なった動物のグループである。ミミズは体節を有するが、線虫は体節を有していない。

ミミズの発生

ミミズの体の仕組み

ミミズの体は、大変単純のようだが、ヒトの体と比べて機能的にはほとんど同じような器官を有している。

体節に分かれた管状の体の一端に口があり、他端に肛門が開口している。体壁は、表皮とその内側の筋肉層から形成され、各体節ごとに剛毛が生えている。剛毛の生え方は、種によって特徴があり、運動するときに重要な役割を果している。特定の目は

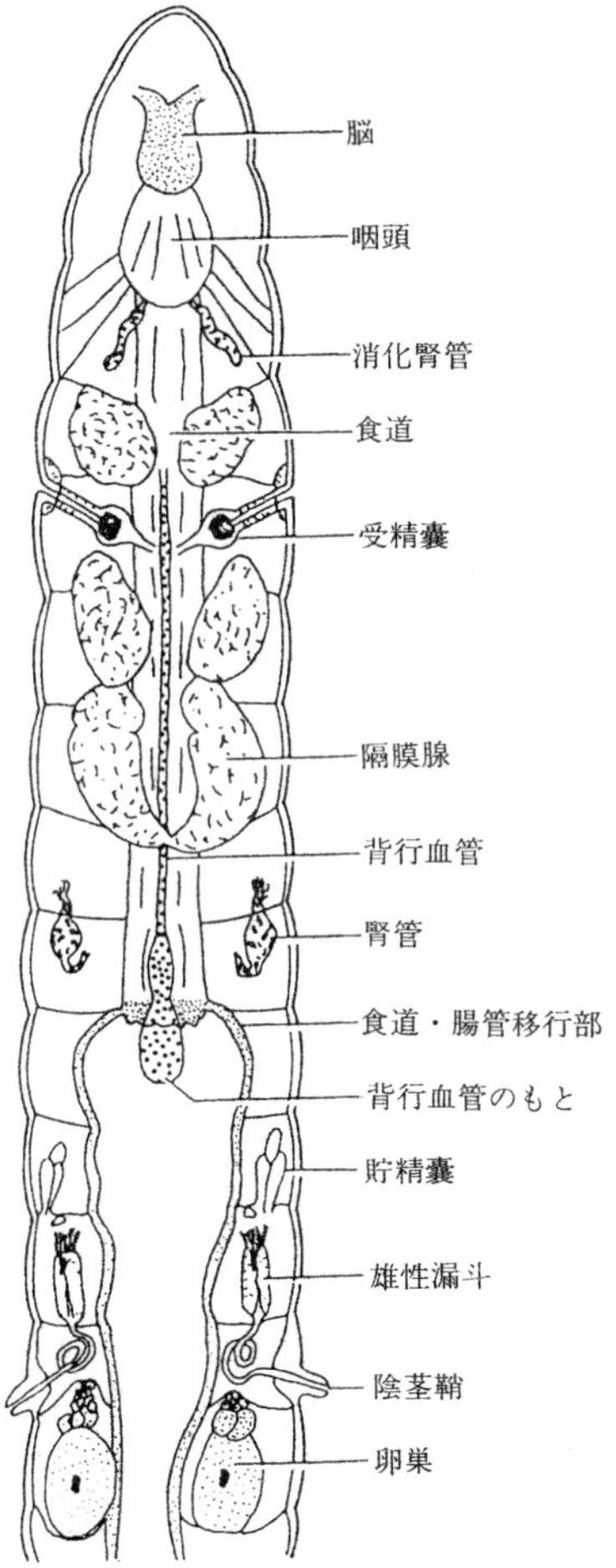

図5　ヒメミミズの解剖図
(O'Connor, 1967より)

ないが光には反応する。

神経系、消化管系、循環器系、生殖器系など生命現象を維持するのに必要な器官は発達している。肺や鰓《えら》のような特定の器官を持たず呼吸は皮膚呼吸を行なっている。さまざまな器官の関係を図5に示した。

神経系は左右に対をなしていて、正中線で左右が融合した状態になっている。食道上神経節が脳に相当する。食道下神経節および各体節ごとにある神経節を縦に結ぶ連合神経が腹神経鎖を形成していて、これは脊椎動物などの脊髄に相当し、腹神経索という。食道上神経節（脳神経節）および各腹側神経節からでる多くの神経は、それぞれ分枝して体の各部分に分布している。感覚器官として形態的に区別されるものは少ないが、表層部分で光や触覚を受容している。ホタルミミズなどは、ルシフェリンとルシフェラーゼの作用による発光をするが、発信者の光を受信者は受容して反応するに違いないと思われる。このような光受容体は、像を結ぶ複雑な構造の目ではなくとも、太陽の光を感じて紫外線の影響から生命を護ったりするのには十分な役割を果しているのだろう。むしろヒトの目のように、決まった器官だとミミズのような生活のなかでは傷ついたり失ったときに補充することが困難なのだろう。ミズミミズの頭部には一対の眼点と、多数の小型の色素細胞および少数の大型の視細胞とが光を感ずる器官としてある。

循環器系は閉鎖血管系でヘモグロビンを血色素とする血液が、ガス代謝および栄養の代謝をになっている。ナチュラルキラー細胞を有さないから完全な免疫機能とはいえず準免疫機能と分けられようが、生体による自己と非自己の認識機能である免疫機能を示す。

各器官の機能などに関しては、本書では詳述しないが、ミミズは一個体として同化作用、異化作用ともすべての物質代謝を自立して営なめる機能を持っている。ヒトがトウモロコシを主食として、それ以外の食物をあまりとれない場合、必須アミノ酸であるトリプトファンの欠如によって致命的ともいえるペラグラといわれる症状を呈するが、そのときミミズを食して健康を維持し得た例が、ひどい食糧不足に見舞われた北朝鮮の人によって報告されている。

ミミズは土壌層に生息し、植物の腐植や微生物を食物として生活しているが、そのような過程で、生命を維持できる物質を生産しているのである。

世界のミミズを求めて

ミミズの分類

約三〇〇〇種のミミズ

地球上に約三〇〇〇種のミミズが知られている。

生物の分類的な位置を明らかにするためには門、綱、目、科、属、種という順にその所属を決めてゆく。ミミズは環形動物門、貧毛類綱、貧毛目に分けられる。科は研究者によって分け方が異なるが、イギリスのキャンベル（一九八六）はアブラミミズ科四属、ミズミミズ科二〇属、オピストシスチス科一属、イトミミズ科二七属、フレオドリルス科一属、ヒメミミズ科二三属、オヨギミミズ科一二属、ヒルミミズ科一属、ナガミミズ科一属、アルロイデス科四属、シンゲノドリルス科一属、ジュズイミミズ科五属、ヒモミミズ科三四属、ツリミミズ科一〇属、フトミミズ科一〇一属、エウドリルス科四〇属、ドリドリルス科一属と一七科二八六属に分けている。オーストラリアのジャミーソン（一九八八）は、二二科に分けている。共通の一一科のほかにチグアシス科、スパルガノフィリス科、ビワドリリス科、アルマ科、クリオドリルス科、ルトドリルス科、キノチス科、オクネロドリルス科、ミクロカエチス科、ホルモガストリス科とさらに細分して二一科にしている。

環帯の位置や生殖器の配置、雄性や雌性の生殖器の開口部などの特徴によっておおまかに分けられる。

キャンベルもジャミーソンもこのような分け方を提案したのは一九八六年および一九八八年のことであり、この分類方法によれば、もっとも都合よく分類できるという誰でも納得できうる基本的な分類法は確立していないようである。

子供のころ、庭でフツウミミズを、また堆肥のなかからシマミミズを、ドブ泥のなかに泳ぐ赤いイトミミズを見ていたが、それ以上に多くの種類のミミズがいると知ったのは動物学科の学生になってミミズを対象にして研究したいと思ったときからだった。そのようなとき、まず図鑑や検索表を参考にすると、対象とするものの大体の見当はつくものと思っていた。ところが、もっともたよりにした北隆館の『日本動物図鑑』を見ると、さっぱり分からず戸惑ったものである。

いま、筆者の手許に北隆館の『新日本動物図鑑』（一九六五年初版、一九八一年七刷）がある。三冊に分かれている中の（上）に環形動物は含まれている。貧毛綱は原始生殖門目（あぶらみみず科）、原始貧毛目（みずみみず科、いとみみず科、ひめみみず科）、新貧毛目（およぎみみず科、ひるみみず科、ながみみず科、じゅずいみみず科、ひもみみず科、つりみみず科、むかしふとみみず科、ふたついみみず科、ふとみみず科）に分けられている。日本にいる動物を対象にしているので、キャンベルやジャミーソンの分類に含まれているものでもここに見られないものもある。五六種について記述があり、読んでいると、このように多種類のミミズがいるのかと興味深く感じ、ときのたつのを忘れるほどである。ところが実際にミミズを前にして同定しようとすると戸惑ってしまう。フトミミズ科のなかには、ハワイミミズ、スマトラミミズ、ジャバミミズ、チャイナミミズなどの名も見られる。

日本のミミズ研究

小林新二郎（一九四一）「西日本に於ける陸棲貧毛類の分布概況」（『動物学雑誌』五三巻八号）には、「西日本所産の種類の全数は一九〇種（亜種を含む）にして之等は次の如く分類せられる。尚之等一九〇種の中には未だ記載していない一一一種の新種と考えられるものが含まれている。」と記して、ジュズイミミズ科一二種、フトミミズ科ムカシフトミミズ亜科一種、フトミミズ亜科一五五種、オクトカエチス科デイコギャスター属一種、その他合計　一九〇種」という報告をしており、その後、これを引用して日本には少なくとも一五五種のフトミミズが生息していると各所に記されている。しかし、その後、日本のそれらの種についての知見をまとめて参考にすることは容易ではなかった。

ハワイミミズ

ハワイミミズ（*Pheretima hawayana* Rosa）の解説を読み、分布を見ると、「中国、インド、南洋、南米、ハワイ等に分布する」とある。

一九六〇年代後半からプレートテクトニクスを人々の基本的認識として、陸地のあり方が見られるようになると、ハワイ諸島は、太平洋プレート上にあり、どこの大陸とも四〇〇〇キロメートル以上離れている。カウアイ島は三五〇〇万年前に、マウイ島は八〇〇万年前に形成され、ハワイ島はいまもなおマグマが噴出中で、島が形成途中であるようなハワイ諸島に固有種がいるのだろうかと疑問がわいてくる。一九八八年から翌年にかけてハワイのミミズについて現地で調査したが、このことについては後述する。

『日本のミミズ』

一九八九年に大英博物館のイーストン博士を訪れたとき、『日本のミミズ』（一九八一）という総説をいただいた。三三頁の冊子のなかに日本のミミズについての総説と検索表とがあった。これはずっと探し求めていた内容のものだった。

そこにアミンタス・グラシリス（*Amynthas gracilis* Kinberg, 1867）と記されているミミズのシノニムとし、ハワイミミズとともに五種があげられている。「原産地は不確かだが人間によって分布が拡大されている」と解説がある。アミンタス・グラシリスならハワイの多くの地点で採集したし、パプア・ニューギニアの高所でも普通に接していた。その特徴から目の前のミミズを同定する場合、ハワイミミズの特徴をもった種ならイーストン博士に従ってアミンタス・グラシリスとした方が世界の他地域のミミズとも比較検討でき好都合だと思われた。

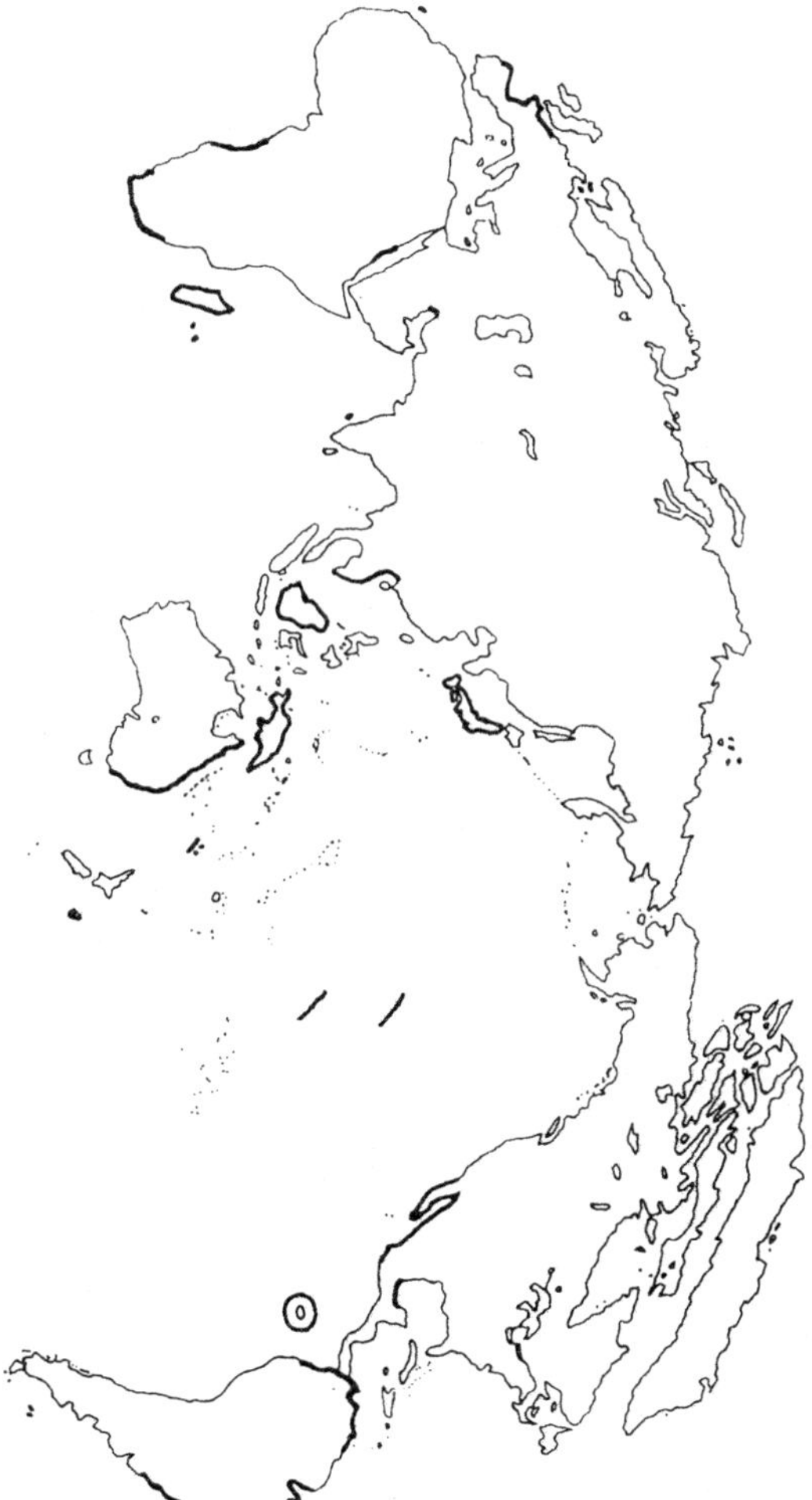

図6　ポントドリルスの分布図（Easton. 1984による）

アミンタス・ヒルゲンドルフィーとしては、一五種がシノニムとしてまとめられている。その一五種のなかには、かつてミミズの実物を前にしてどれに決定したらよいのかさんざん迷った名前が多数並んでいた。一種を一五の名で記載していたのならば、どれにしてよいか迷うのは当然のことだった。筆者には、何を基本にして同定したら一番自然を反映できる分類なのかの判断がむずかしい。けれどもイーストン博士の検索表に大いに助けられ、しばらくはこれを基礎にしてミミズを見て行きたいと思っている。

ポントドリルス

ところが、ガラパゴス諸島（エクアドル領）で調査をして、ポントドリルス（*Pontodrilus*）属のミミズに出会ってみると、筆者にはまた別の迷いが生じてきた。サンタクルス島とサンクリストバル島で、農業と関係のない海浜植生をすみかとするミミズを見つけ、その特徴からポントドリルス属のミミズと見当をつけたが、見た目には二島のミミズの間には相当の差異があるように見えた。しかし、イーストン博士（一九八四）は、世界のさまざまな地点から二九種類として記載されているポントドリルス属のミミズをすべて一種のシノニムとしているのである。一体種とはどのような認識の下に認識すべきものなのか悩んでしまう。筆者は、いまはまだ迷いのなかにある。

そのようななかで血液のヘモグロビンのアミノ酸配列の研究から何かを見出せるのではないかとの微かな希望も持った（三章「地球の生態系とミミズの役割」に詳述）。ミミズの分類のあり方をめぐる悩みはまだ当分解決できないであろう。現実をしっかり捉えて記録を残しておけば、やがて統一的な基準にのっとって整理ができるかも知れない。

人間が自然変革を行なってゆくなかで、私達の身のまわりからも消えてゆく生命が多い。イトミミズなど筆者はもう自然状態では二〇年も見ていない。ごくあたりまえに身近にいた生命が、気づいたときにはずっと昔の記憶のなかにのみ生存していたことを知り愕然とさせられることがある。イーストン博士の総説を基礎としてまずいなら、日本の分類の専門家によって世界のミミズの分類との整合性を明らかにした上で、分類の基礎が提出されることを期待したい。

ミミズと人間活動

恐竜のころ

約一億二〇〇〇万年前の白亜紀に、まだ恐竜が盛んに地球上で活躍していたころ、ミミズはどのように分布していたのだろうか。フランスのブーシェ（一九八二）によって描かれた分布図を示す。（図7）

ドイツのウエゲナー（一九一二）の提出した大陸移動説に対して、地質学者らを含む多くの反対があったなかで、ミミズの研究者である、ドイツのミヒャエルセンが、前ジュラ紀のころの大陸の再構成図の上に陸生五種、淡水生三種類のミミズの分布をおき、アメリカ大陸はヨーロッパとアフリカから離れ去って西へ移動した。そのアメリカ大

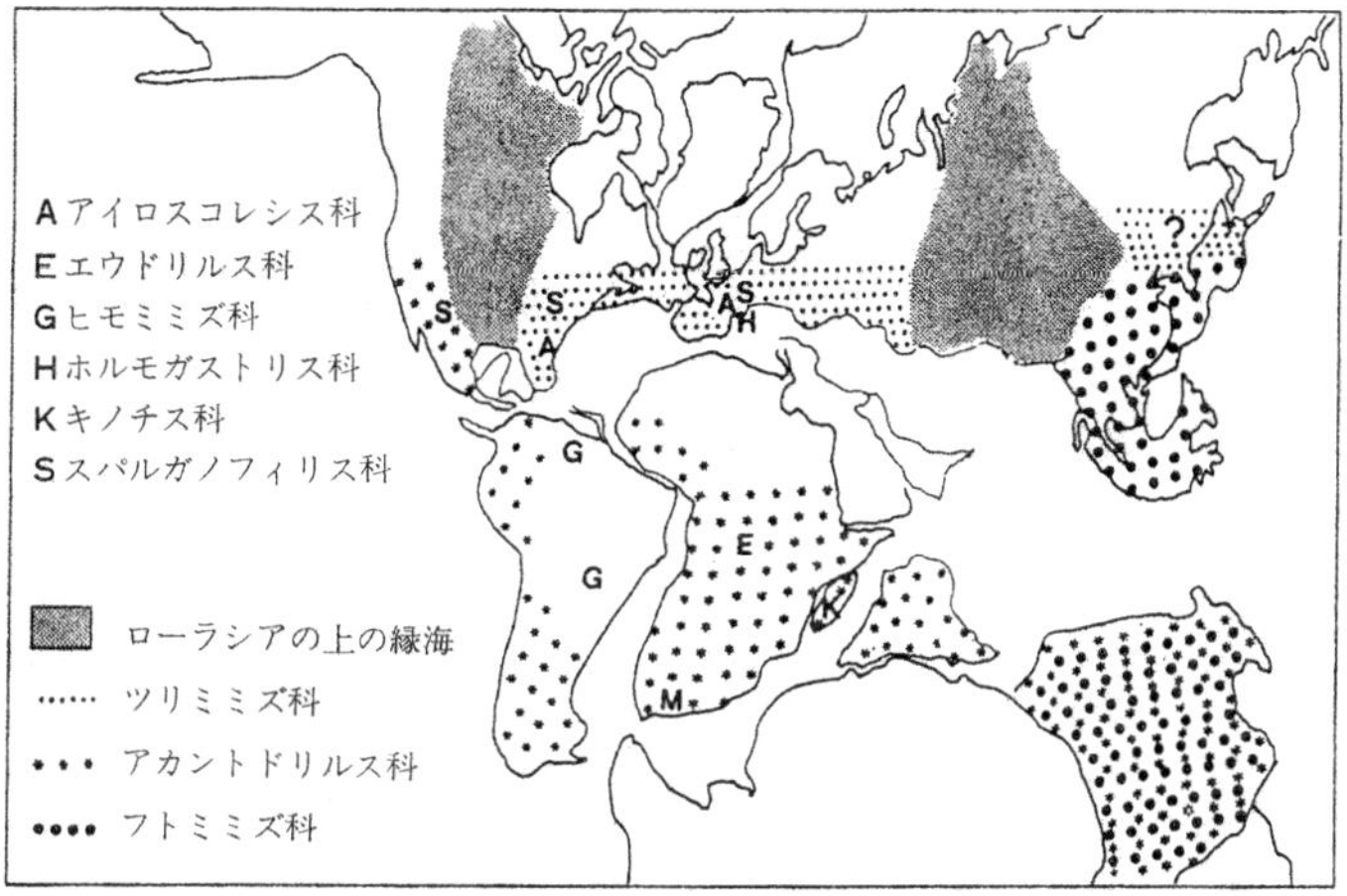

図7　ブーシェの示した1億2000万年前のミミズの分布（Boucheによる）

陸を逆に戻してヨーロッパ、アフリカ大陸に接合すると大西洋の両側の遠く隔たった地域の大部分がみごとに接合して、一つの総合した地域をつくる。その結果はおそろしく簡単な分布となる。（『大陸と海洋の起源』一九二九）

と述べた。

さらに、始新世の大陸移動説に基づいたツリミミズ科の分布についても、ミヒャエルセンは再構成図上に記してウエゲナーの説に有力な根拠を提供した。

一九六七年以降、プレートテクトニクス理論を基礎とした研究が進められ、ブーシェが図示したように前期白亜紀（約一億二〇〇〇万年前）にゴンドワナ大陸からローラシアが分離したことと関連して、科のレベルでミミズの分布が論じられた（図7）。このころ日本は、フトミミズ科とツリミミズ科が生息していたローラシアの一隅を占めていた。

土壌動物の働き

土のなかにはさまざまな土壌動物が生息している。ミミズはそのなかの一動物グループである。生態学という分野を専攻しようとした筆者は、ある生態系にある生命が存在することによって、その系がどのように変化してゆくかということが興味のあることだった。扱いやすいシマミミズを飼って、その卵包から幼ミミズが孵化して生長する過程で、どのような環境条件なら、どう環境に影響を及ぼすかを明らかにしたかった。

それらが、どれだけ物質を取り入れて、どのように生長し、どれだけ排出物をだすか、その間のそれぞれの物質の質的変化はどうか、土壌の性質や温度条件、水分条件など、食物の質や動物の密度の影響はどうかなど、さまざまな問題に取り組もうとした。一方、呼吸による酸素消費量を測定し、その活動量の指標としようとも努力した。それらを彼らが生きている土のなかで測定しようとすると、微生物やダニ、線虫、その他微小なさまざまな生物の複雑さと分けて測定できないので、細かく砕いた石英砂《せきえいさ》を基盤として、水分と温度と餌を管理して、そこに卵包をおいたり、ミミズを飼ったりした。ミミズは先に述べたように他の複雑な生命との相互関係のなかで生活しているので、前述のような管理された条件下で単独に飼うことは不可能だった。

コガネムシの幼虫

コガネムシ科の昆虫の幼虫は、ミミズと同じように土のなかで暮らしている。発達した口器をもっていて固い植物質でも食べられる。そして糞をどんどん排出して、それはたちまち土の一部になってゆく。ミミズの代わりに、これで土のなかに暮らす動物と土壌との関係の調べ方をつかめたら好都合だと思った。そこでコガネムシ科の昆虫について卵から成虫までの物質の変化を調べたことがあった。その調査は約一一種類のコガネムシ科の幼虫がいる多摩川の河川敷で行なった。そこでの野外調査を行なうと同時に、研究室では物質の質と量の変化と、共通の単位で変化量を測定できるエネルギー量変化を測定した。

動物の排出物量は、それを含む石英砂の可燃物を燃焼させ、含有灰分量を補正すると測定できる。風化したての岩石のような無機的な基盤でも、そこに植物の生産物があり、土壌動物の関与があると、水分や温度条件が適していれば土が形成されてゆく過程が分かる。コガネムシ科幼虫のような発達した口器を持たないミミズは、コガネムシ科幼虫の排出物のような粉砕された有機物があれば生きてゆける。土壌のなかで複雑に種が相互関係を持って生活してゆくのが都合がよさそうである。

落葉分解土壌動物

ミズキのように柔らかくすぐ砕ける落葉のある林床、それとは葉の性質の異なったコナラやスダシイの林床に、落葉を一定の直径の円に打ち抜いたものを二ミリメートルの目のサランの網にはさんだセットと、同じものを一センチメートルの目のナイロンの網にはさんだセットを、それぞれの林床に多数設置して、その後の変化を測定した。前者では雨水による養分の溶脱や微生物による減少や、微小な生物による減少の測定ができる。後者ではミミズやその他のやや大きな土壌動物の関与による落葉の減少が測定できる。このようにして土壌動物の存在が林床の物質代謝過程で大きな役割を果たしていることを確認した。

日本のさまざまな生態系で土壌動物に関して調査を行なった。南アルプスの仙丈ケ岳の亜高山帯針葉樹林のオオシラビソの林床などでは、低温であり落葉の質の影響もあろうが、落葉の厚さが八〇センチメートルにも及んで土壌動物は少なくミミズはいなかった。落葉にマークを附しておくと一週間でそれが消失してしまい、森林の物質循環に再利用されているのが分かる熱帯多雨林の状態とは対照的であった。

大島三原山と八ヶ岳山麓

一九六二年七月に大島で行なった調査では、三原山の溶岩が風化してできた砂漠の、ハチジョウイタドリ群落、少し遷移の進んだところに見られるオオバヤシャブシの林床、さらに下って土壌の発達したスダジイの極相林で大型土壌動物を調べたところ、四分の一平方メートルあたり、

一〇科　六四個体　〇・九グラム（生重量）
二〇科　一三八個体　三・二グラム（生重量）
二四科　三二〇個体　五・八九グラム（生重量）

のように土壌が発達するに従って、土壌動物の多様性も数・重量も増していることが分かった。スダジイ林の黒い土壌の発達したところには、ミミズが生息していたが、砂漠状態の前二者には住めなかったのである。

八ヶ岳山麓に日本で一番高い所を列車が走る小海線という路線がある。その沿線は火山

灰土壌に被われており、燐酸肥料が水に溶けないため、かつてはジャガイモくらいしか栽培できず、荒涼としていたと旅のエッセイに紹介されていた。

いまはレタスやトマトなど、高原野菜の産地として、またニジマス釣りのできるところとして夏には活気にみちているところでもある。

一九七七年春、筆者は、小海線沿線の信濃川上の「みみず養殖研究所」を訪れて、いろいろご教示いただいた。

人工的に管理されたコンクリートの枠のなかで、輸入された多数の養殖ミミズを飼い、土と混ぜて大豆の絞りかすやおから、豚の死骸などを与えると、厭な匂いも出さずミミズはよく増殖して表面に多量の排出物を排出し、それを集めて植物の苗を育てると非常にしっかりした植物に生育するということだった。そしてミミズはニジマスの餌になるという。

そのようにすばらしいミミズをなぜもっと早く農業に利用しなかったのか、とうかがうと、五〇年ほど前に日本のミミズを農業に利用しようと試みた人は軒を傾けたということだった。「輸入された養殖ミミズ」ならうまく農業に利用できるのに、なぜ日本固有のミミズではうまくないのかをうかがったが、その返事はいただけなかった。養殖ミミズは、ヨーロッパや北アメリカ原産のルンブリクス・ルベルス（*Lumbricus rubellus*）というミミズの改良種だった。

養殖ミミズの故郷を訪ねて

たまたま文部省からの研究助成金を得て、一九七七年の初夏からこの養殖ミミズの故郷でもあるポーランドで半年間研究できることになった。

ロシアの研究所の人々も、ポーランドの研究所の人々も、ミミズのことをツリミミズ科のミミズを意味する「ルンブリシデー」と話していた。ミミズのなかの一部であるツリミミズ科をあたかも「ミミズそのもの」であるような話し方をする。はじめに聞いたときは違和感を感じたが、それは実際にその地でミミズに接してみて実感できた。普通にいるのはツリミミズ科のミミズだけだったのである。

林のなかを普通に散歩していてイブキジャコウソウに非常に類似の植物を見たことがあった。この植物は、氷河地帯の残存種として認識していたので、その地がかつて氷河と関係があったのだろうと思われた。復活祭（イースター）のころから根雪が溶けはじめ、一一月はじめにはもう根雪が積もりはじめるという場所で、短期間に活動し、その間に生殖活動も行なうには、この地のミミズはのんびり大きな個体に生長してから生殖活動を営むのではなく、小さな個体で成熟し、卵包を生産するのが好都合なのである。日本で普通に見ていたミミズよりずっと小さく、一〇〇ミリグラムくらいの体重になると成熟して卵包を生産している個体もあった。そして根雪が積もりはじめて、活動を休止して冬眠にはいるまでに何回も卵包生産を行なっていたのである。

自然にその地に生息している種が農業にもっとも適していると思いこんでいたが、日本で普通に生息しているフトミミズ科のフツウミミズのようなものは、成熟するのに一年かそれ以上を要し、そのようにのんびり増殖していたのでは農業に役立てるわけにはいかなかったのである。

そのような経験をへて、ある生態系にとって、ミミズという動物がそこにいるか、いないかが問題なのではなく、どのような生活を営む種類のミミズがいるか、いないかということが大きな意味を持っているのだ、ということを認識させられた。

以下に筆者が直接調べた幾つかの生態系でのミミズに関する調査結果と、文献から知りえた関連ある知見について述べたい。

地球上のミミズの分布と人間

ポーランドとは、その名ポーレ（草原）が示すように草原の国である。国内の山は高くても二〇〇〇メートルくらいで、全体としては平坦である。

ポーランドにて

筆者は、ワルシャワ近郊にあるポーランド科学アカデミーの生態学研究所とクラコウのヤギエゥオ大学のお世話になって調査を行なった。生態学研究所のあるキャンピノス国立公園は、北緯五二度二〇分、西経二〇度五〇分、標高七八〜一〇二・八メートルの地で、ワルシャワの北西四〇キロメートル位の地点にある。

マツ林（*Pinus silvestris*）、カシワ－シデ林（*Quercus robur-Carpinus betulus*）、コメススキ（*Deshampsia caespinosa*）湿原が存在する長さ四〇キロメートル、幅数キロメートルの楕円状の砂丘地である。カルパシア山脈に端を発し、クラコウおよびワルシャワの両都市を通り、バルト海に流入するビスワ川の沖積原である。ここにある三種類の群落で主として調査を行なったが、比較のため、国内の各地でも調査を行なった。クラコウ近郊のオイツオフ国立公園のブナ林（*Fagus silvatica*）とクラコウから約三〇キロメートル西方のニポウミッツ（北緯五〇度〇四分～北緯五〇度〇八分、西経二〇度一七分～西経二〇度二七分、標高一八〇メートル）のロブールガシワ（*Quercus robur*）林でも調査を行なった。林床にはマイズルソウ、スズラン、コケモモ、ハイデソウ、カンアオイに似たアサルム・エウロペウス（*Asarum europeus*）などが生育し、日本列島中部の亜高山帯の森林に似ている感じだった。

これらの調査地から採集されたミミズは、すべてツリミミズ科に属する六種類だった。私達日本人に馴染《なじみ》深いフトミミズ科のミミズはいない。

それらのミミズの名を揚げ、面積当たりの生重量を調べたが、ここでは、ミミズの名の

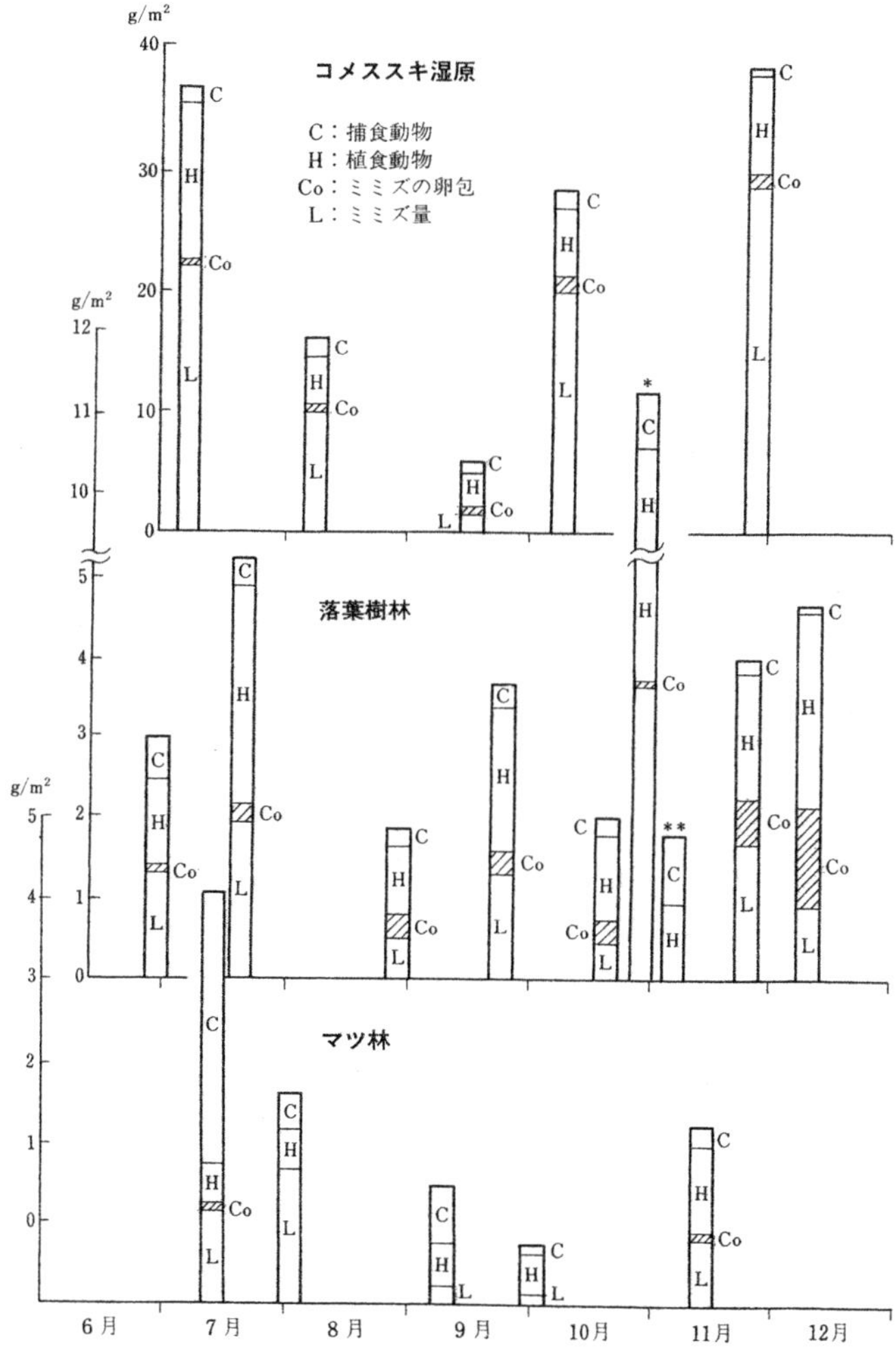

図8　ポーランドでのミミズの調査結果

（重量は10%フォルマリン漬の標本について測定。＊と＊＊は別の場所の落葉樹林）

みを列記する。

Eisenia foetida (Sav.) シマミミズ

Dendrobaena octaedra ムラサキツリミミズ

Allolobophora caliginosa (Sav.)（今は *Aporrectodea trugida* と記すことが多い）カッショクツリミミズ

Allolobophora rosea (Sav.)（今は *Aporrectodea rosea* と記すことが多い）バライロツリミミズ

Eiseniella tetraedra (Sav.) 和名なし。

Lumbricus rubellus Hoffm. 和名なし。

大型土壌動物に属さない顕微鏡的なミミズについては調査しなかった。

馴染のない外国で調べたミミズを同定できたのは、ポーランドのプリスコ（一九七三）によって優れたテキストが出されていたことと多くの友人たちの協力と指導による結果だった。

沢山のミミズが森林の林床でたゆまなく土壌生産にかかわっていることを知って、これが健全な森林の再生産を可能にしているのだと実感した。ロブールガシワの林床には、ときとして一平方メートル当たり六〇〇個ものムラサキツリミミズの卵包を数えたこともあった。もしミミズたちを含むこのような土壌動物たちの働きがなかったら、人々は豊かな緑を求めて移動生活を余儀なくされてきたことだろう。

ハワイ諸島にて

その後、日本のさまざまな環境のミミズを調査したが、対象とするミミズを同定するのに困難を感じていた。

たまたま一九八八年に国外で研究する機会を得たので、気にかかっていたハワイミミズについて知りたいと思った。太平洋地域の自然・歴史・文化について研究者を集め、すぐれた研究を行ない多くの資料を具《そな》えている、ホノルルのビショップ博物館に、人類・考古学研究者の篠遠喜彦《しのとおよしひこ》博士をお訪ねして相談にのっていただいた。そのおり、「ビショップ博物館の野外研究施設として出発したワウ生態学研究所がパプア・ニューギニアにあります。現在グレシット博士がそこで研究し、運営にあたられ、そこでの研究を希望する研究者を受け入れています。未開発地域への援助というと、人はすぐ土地を平にし、コンクリートの四角い箱をおいて電線をひくことを考えるが、その土地の自然に適した生活というものがある筈です。現地の人にとってなにが最も大切なのかは、自然をよく知らなければ分かりません。だから、そのような研究が必要なのです」と熱心に説明して下さった。

すぐれた昆虫研究者であられたアメリカのグレシット博士は、一九八二年に中国で飛行機事故で亡くなられた。でも筆者は、一九八八年の四月から一年間を「ハワイとパプア・ニューギニアで、ミミズを主とした土壌動物の生態学的研究」を目的として過ごした。パプア・ニューギニアについては、ミミズ以外のさまざまな動物・植物についてグレシット博士を中心に研究が進められて、一九八二年に一〇〇〇ページ近い本がドイツの出版社ユンクから出版されていた。

一九六七年以降、プレート・テクトニクスの理解の上に、ハワイ諸島についてはそれ以前よりもずっとよく分かってきた。太平洋プレートを形成するリソスフェアが、ホットスポットから噴出したマグマによって形成された島々をのせて、アセノスフェア（上部マントル）の上を一年間に数センチメートル西方に移動して現状のような一連の群島が存在するにいたっている。

カウアイ島は約三五〇〇万年前に、またオアフ島は約二二〇〇万年前に、さらにマウイ島は約八〇万年前に形成され、ハワイ島はなおマグマが噴出している若い島である。「四〇〇〇キロメートルの範囲内で最も優れた動物園である」と書かれた看板がホノルルの動物園の入り口にたてられているが、どの大陸とも四〇〇〇キロメートル以上離れていて一度も陸続きになったことのないこの島では、多くの生物が特殊化をとげ、進化の宝庫と呼ばれている。

しかし、特殊化するためには、まずオリジンが到達して、生活が営まれていなければならない。風に運ばれて到達した植物の種子や昆虫、鳥、その鳥に付着して到達した昆虫、陸貝、植物の種子などが、ここに定住して特殊化を遂げている。最初に土着した哺乳類は一種類のコーモリだが、これは流木にのって漂着したと考えられている。

ビショップ博物館に保存されているミミズの標本を全部調べさせていただいたが、ミミズの研究者がいないので充分な整理はなされていなかった。ある地域の調査時に採集されたミミズの標本についてのみ、大英博物館のイーストン博士から館長宛に検索表が私信の形で寄せられていた。それに含まれていない多くのミミズがいる。アメリカのゲーツやドイツのミヒャエルセンなどの論文を調べたが、種の特徴の捉え方や種名がまちまちでその関係を整理するのに相当の努力を要した。

オアフ島、カウアイ島、マウイ島、モロキニ島、ハワイ島などのさまざまな生態系で調査を重ね、既発表の文献を整理し、二〇種のミミズがハワイに生育していることを確認し、検索表を作った。ハワイ大学からも、アメリカ本土の大学からも研究者が教示を求めて訪れた。

ビショップ博物館の篠遠博士によってポリネシア諸島の一つ、フアヒネで五〇〇〇年前の木造の舟が発掘された。このような研究の成果から、四世紀にポリネシア人がアウトリガー付のカヌーに乗って、星座で方向を確認しながらハワイに到達したということが確認されている。ハワイのミミズは、東南アジアからバナナなどの植物についた土について、このようなポリネシア人の移動によってもたらされたものである。また、別のグループは、一八世紀にイギリスのキャプテン・クックが訪れて以来、プルメリアなどのさまざまな植物とともに土に混じってヨーロッパからもたらされたものであることが分かった。

それとすめるところならどこにでもすみ着いて処女生殖によって増殖し、土壌の性質を他のミミズがすみずらいようにかえてしまうポントスコレックス・コレスルルスというミミズもいた。この種は、カウアイ島のイリオウという固有種の植物の群落の土にもはいりこんでいたので驚いたことがある。この種のミミズは、処女生殖によって増殖するから卵包が一つ入り込めばどんどん増えてゆけるのである。そしてそこを変革してしまうのである。

ハワイには固有種のミミズはいないといってよかろう。でもヒトによってオリジンが運ばれれば生息環境は適しているので、非常な勢いで増殖する。それが現在のハワイのミミズ相を形成しているといってよさそうである。

「ハワイミミズ」と『日本動物図鑑』に記されていたミミズは、アミンタス・グラシリスという学名で、和名はヨコハラトガリミミズと同じであることが分かった。

ディオングによって、ハワイ大学に提出された学位論文によれば、マウイ島で野生化した豚がミミズを食っていることが多く、調査した胃の九〇パーセント以上からミミズがみつかり、あるときには胃の内容物の二九・三パーセント（二〇一八ミリリットル）をミミズが占めていたそうである。野生化した豚が、貴重な固有種の植物などを食ってしまうと困るので退治しているが、豚は、このようにすみ着いている導入種のミミズによって命をつなげるので管理官は困っているようだった。

パプア・ニューギニアにて

前項で述べたように、ハワイでの研究とあわせてワウ生態学研究所を根拠地としてパプア・ニューギニアのさまざまな生態系でミミズを中心に研究した。

ニューギニアは、世界でグリーンランドについで大きな島で、その東側の半分がパプア・ニューギニアであり、一九七五年九月に独立国となった。面積は四六万一七〇〇平方キロメートルで、一九八四年の森林の面積は約四〇万平方キロメートルであった。推定年間破壊面積は、一一六〇平方キロメートルであった。一九八八年の人口は、約三四〇万人（一九九七年の人口は、四二〇万人で人口密度は平方キロメートル当たり約九・一人）で、人口密度は、平方キロメートル当たり約七・四人だった。プレート・テクトニクスの理解の上にその形成過程が次のように見られる。

約五三〇〇万年前に南極から離れて北上しはじめたオーストラリアによって、海中の島々が押し上げられ、約三〇〇万年前にニューギニア島は形成された。海面が低くオーストラリアとニューギニアが陸続きだった約一万七〇〇〇年前に、マレーシアの島々もアジア大陸と陸続きだった。けれどもアジア大陸とニューギニアの間にはつねに一〇〇キロメートルに及ぶ海が存在し、生物の分布は異なっている。オーストラリアとは八〇〇〇年前に離れて以来陸続きになっていない。

ゴンドワナ大陸に特有の植物であるノトファグス（ミナミブナ）は、その起源が約七五〇〇万年前で、その前にゴンドワナ大陸から離れたアフリカ大陸には化石は存在しない。しかし、約五三〇〇万年前にオーストラリアと南極は離れたので南極には化石があり、オーストラリア、ニューギニア、南米には三四種のノトファグスが存在する。そのうち、系統的に古い一四種がパプア・ニューギニアに生育しており、筆者が標高二二〇〇メートル以上の地点で調査したなかには、四種類が生育していた。それより低いところの林には、カスタノプシス（シイの仲間）が生育し、もっと低いところの林にはアラウカリア（ナンヨウスギ）などが、それより低いところにはフタバガキなども生育している熱帯降雨林があった。林に火入れをした後、有機土壌から溶脱がおこると、林は復元せず、チガヤを主とする草原（クナイ草原といわれていた）になってしまう。

近ごろ日本で、活け花にも用いられているバンクシア・デンタータ（プロテアケア科でハワイで栽培したものを輸入している）も特徴的な植物で、これは起源がノトファグスよりも古いので、アフリカ大陸に化石があり、ニューギニアでは二〇〇〇メートルより高いところに生育している。

このような南半球に特有の植物が生育し、花崗岩および玄武岩起源の土壌が多くの地点で見られた。一九五〇年代にはまだ新石器時代的な生活を人々が営んでいたといわれるこの国では、国立大学が首都に一つあり、ミミズの標本は一種のタイプ標本を含めて七種あった。

動物に関しては、アジア側にいるサル、サイ、シカはニューギニア側には生息せず、キノボリカンガルーやフクロネズミなどの有袋類、ヒクイドリなどの飛べない鳥など、特異な生物が生育している。世界中に四二種類いるといわれているゴクラクチョウのうち、三八種がこの国に生息しているということである。

ワウ生態学研究所は、首都ポートモレスビーからプロペラ機で約一時間飛んだ、標高約一二〇〇メートルの地点にある。

筆者がパプア・ニューギニアで研究したのは合計一四〇日たらずの三度の訪問であった。

巨象の尾をなぜた程度しか、知りえなかったが、大変興味深い日々を過ごした。

一九七九年や一九八二年に大英博物館のイーストン博士によって多数のミミズの新種が記載されているていどで、まだ充分な調査が行なわれたとはいい難い。筆者が文献で調べたところでは、八六種がわかっていたが、その記載に従って同定できない特徴をもった約二五種のミミズを採集した。まだまだ未記載の種を多数生育させていることと思う。

標高二三六〇メートルのカインデ山のノトファグス林の土壌を調査したとき、有機土壌層をいくら掘ってもミミズが見つからず、あきらめかけてその下の有機質をあまり含まない赤土の層を掘ったら、真っ白な木の根のようなミミズがいて、掌でしばらく暖めていたら動きだしたのには驚かされた。このミミズはフォルマリンの液のなかでは白い物質を噴出して普通のミミズと同じ色の標本になってしまった。

標高二三六〇メートルのカインデ山の頂上近くのノトファグス林の土壌から、筆者はニューギニアに固有の体長八一センチメートルのミミズ、メタフェレテイマ・タワリネンシスを採集した。その同じ頂上の一部分が切り開かれて電話の中継所が建られた。そのために草原になっている周囲の部分にはポントスコレックス・コレスルルスが生息していた。

このようにさまざまな生態系で、ニューギニアに固有のミミズも多数調べられたが、人が少し手荒に扱ったところには、ポントスコレックス・コレスルルスという暖かなところならどこにでも入り込むミミズがおり、土を他の種に適さないように変えているのが見られた。詳細は『ミミズのいる地球』（中公新書）および参考文献にあげた論文に書いたので、参照いただきたい。

小笠原諸島にて

小笠原諸島は、東京から約一〇〇〇キロメートル離れており、第三紀（六五〇〇万年前から一六五万年前）の初期の海底火山活動とその後の隆起によって形成され、ある部分にはサンゴ礁もみられるが、どこの大陸とも陸続きになったことのない海洋島である。海洋島であるからハワイ諸島、ガラパゴス諸島同様、ここに到達しえた生物は多数特殊化をとげて小笠原の固有種となっている。しかし、海水に対する耐性がないミミズは、オリジンがいないので特殊化することもできない。

小笠原のミミズに関しては、一九九二年三月と九月、一九九三年三月の三回にわたって父島、母島、兄島、南島で調査を行なった。その調査地を図9で示した。採集できたのはポントスコレックス・コレスルルス、デイコギャスター・ボラウイ、アミンタス・グラシ

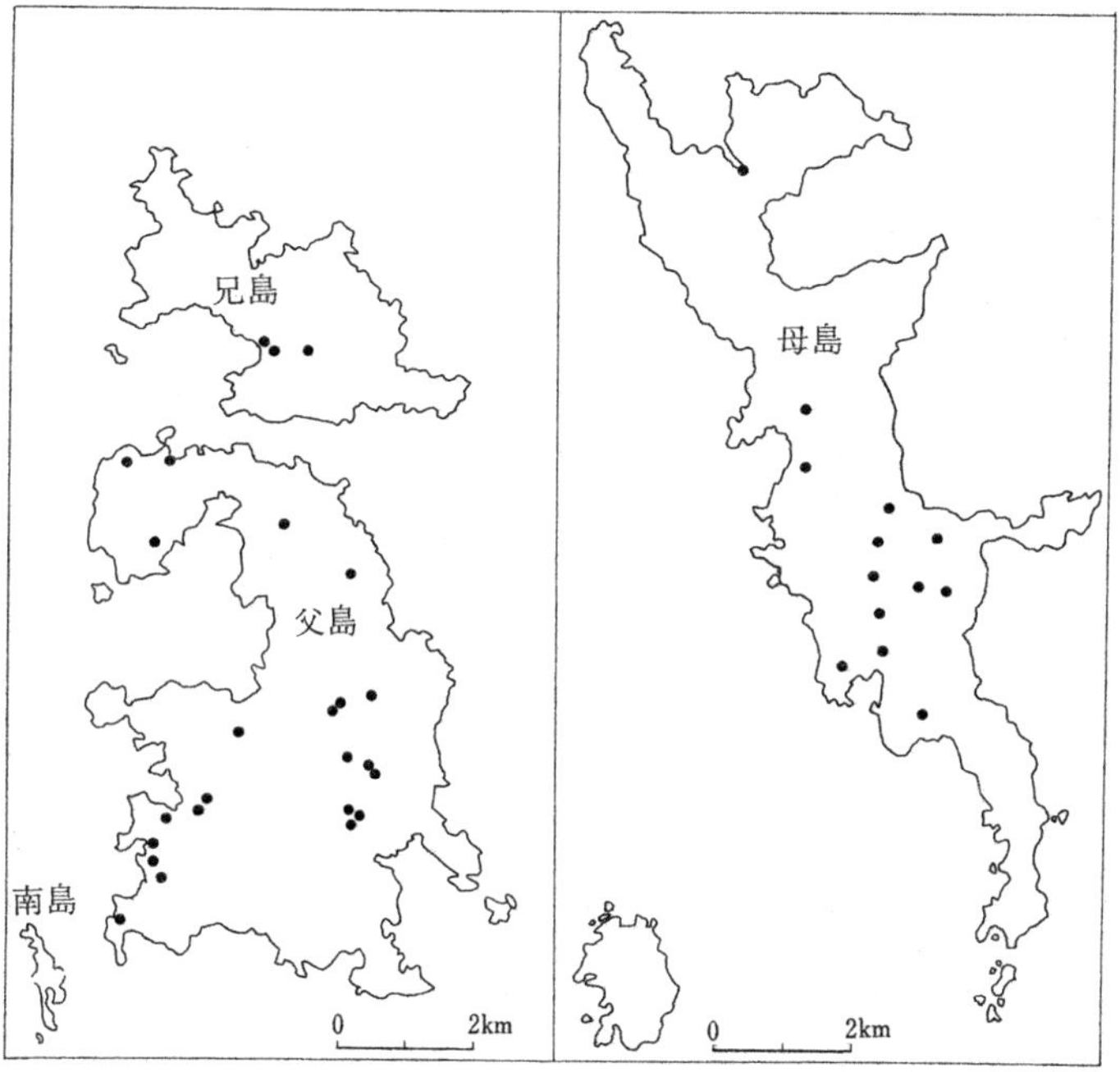

図9　南島・兄島・父島・母島の調査地

リス（ヨコハラトガリミミズ）、アミンタス・コルテイシス（ヘンレキミミズ）、アミンタス・ヒルゲンドルフィ（ヒトツモンミミズ）、アミンタス・ミニムス（イシカワミミズ）、アミンタス・ミクロナリウス（ヒナミミズ）、ポリフェレテイマ・エロンゲータ（フクノウミミズ）、メタフィレ・カリフォルニカ（メキシコミミズ）、アミンタスの幼ミミズなど九種類と幼ミミズとであった。人が多数住み着いている父島には種類も数も多く、母島、兄島では減少していた。無人島の南島には海洋鳥はいたが、ミミズは調査した限りでは見つからなかった。安井隆弥氏が調べて下さった南鳥島にはポントスコレックス・コレスルルスのみ生息していた。これは暖かな生息可能なところならどこにでもすみ着いて処女生殖でどんどん増えて行く。上記九種類のうち、一番多く、どこにでもいたのはやはりこのミミズだった。小笠原諸島にはミミズの固有種はいないといってよいだろう。

ガラパゴス諸島にて

ガラパゴス諸島はハワイ諸島、小笠原諸島とともに海洋島で、そこで特殊化した多数の固有種の動物や植物が生育している。

チャールズ・ダーウィンが、一八三一年一二月二七日から一八三六年一〇月二日まで五年にわたってビーグル号で航海したおり、ガラパゴスでも調査した。このと

図10　チャールズ・ダーウィン研究所（サンタクルス島）

きの知見が、のちに『種の起原』を著わすことと大いに関係があったことは有名である。

ガラパゴス諸島は、約三〇〇万年前に火山の噴火でできた島々と、その後の噴火でできた島々から成り、大陸とは約一〇〇〇キロメートル離れていて一度も陸続きになったことのない海洋島である。

ミミズに関しては、ドイツの科学者ウエストハイドとシュミットによって「ガラパゴスの沿岸帯からのアエロゾマ・マリテイム」（一九七四）というアブラミミズ科のミミズの新種の記載論文がある。それ以外ミミズに関する学術的論文を見られない。

アメリカのループ（一九八八）の「海洋諸島

の比較環境保全学――ハワイとガラパゴス」という論文を読むと、「ハワイとガラパゴスは海洋島として類似点が多いが、ハワイにはミミズの固有種がいないのにガラパゴスには一種の固有種のミミズがいる」と記されていた。その根拠を調べると、サンタ　クルス島で農業を営なんでいたカストダーレンという人が『ガラパゴス・ニュース』に、「一九三五年から一九六五年の間のサンタ　クルス島の生物学的変化」（一九八二）という報告を発表していた。

それには、「一九三五年以前には、サンタ　クルス島のスカレシア林には一インチより小さいミミズがいたが、これは多分固有種だったようである。土は粉っぽかったが、導入種のミミズがすむようになると土は顆粒状になって、大変大きな変化を示した。導入種のミミズは三種で、体は大きく急激に増えた。そして固有種のミミズは見られなくなった」と記していた。

一九八八年の夏、パプア・ニューギニアからホノルルに戻っていた短い間にこの論文を読み、じっとしていられず、すぐにガラパゴスに観光客として出向き、ダーウィン研究所にガラパゴスのミミズに関するなんらかの情報があるかと訪ねた。しかし、何の情報も得

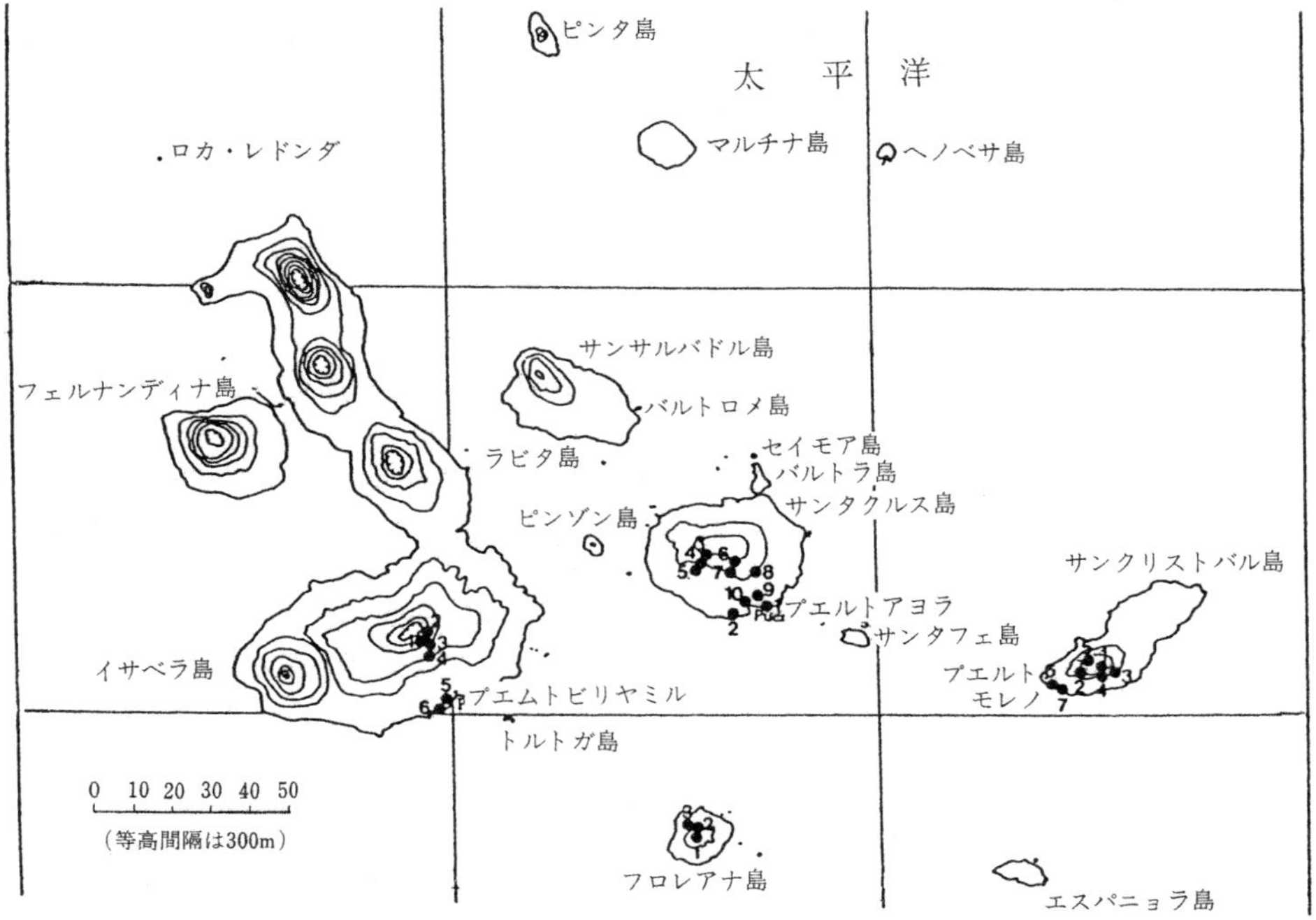

図11　ガラパゴスの地図（数字をつけた黒丸は調査地点）

られないまま、がっかりして帰えった。それから自分でガラパゴスのミミズに関して調査できるように手続きをはじめた。国際的管理機関のもとに管理されているので、その手続きは容易ではなかった。しかし、一九九四年の夏に許可を得て、現地で三週間調査できた。サンタ　クルス島、サン　クリストバル島、フロレアナ島、イサベラ島のスカレシア林、ダーウイニオサムヌス林、マングローブ、セスビューム群落、その他さまざまな生態系を調査し、農業と関係のないところから採集された五種類かもしれないミミズと、農業と関係のあるところから採集された四種類のミミズについて調べた。

農業と関係のないところから採集されたミミズに関しては、いまだ研究を続行中である。それらの属名はミクロスコレックスとポントドリルスだが、それは地球上の広域種なのか、ガラパゴスで特殊化しているのかについて確認したいと望んでいる。

ここでも人が荒らしたところには、どこでもポントスコレックス・コレスルルスがすみ着いていて、これが環境を大きく変革してしまうので、もし固有種のミミズがいるところにこの種がすみ着いたら、たちまち駆逐してしまうと思われた。

ガラパゴス諸島の農業と関係のない群落の土壌から採集した、まだ詳細には同定できな

図12　イサベラ島のシェラ・ネグラ火山の火口付近のシュイロタイランチョウ（この鳥だけは南米大陸と共通）

いミミズは、ミクロスコレックス属とポントドリルス属で、ムカシフトミミズ科に属するミミズだった。

『ニュージーランドのミミズ相』（一九五九）を著わしたオーストラリアのケネス・エルネスト・リーは、約一億二〇〇〇万年前からニュージーランドにも生育していたムカシフトミミズ科のミミズは、亜南極へも分布を拡げていったと見ている。ガラパゴス諸島のミミズと関連はあるのだろうか。

ニュージーランドにて

筆者は、ミミズについて知りたく思い短期間だったが、一九九六年九月にニュージーランドの北島、南島を訪れた。マダガスカル同様に人間の活動の影響によって飛べない鳥、モア（Moa）が絶滅してしまったところだが、興味深い場所である。太平洋の島々をつないで走る一連の陸橋によって、かつてアジアとつながっていたが、この陸橋は大昔に陥没してしまっている。植物の四分の三はニュージーランドの固有種である。捕食獣がいなかったこの島には飛べない鳥キューイ（*Apteryx australis* アプテリクス・オーストラリスがもっとも普通のキューイだった）とタカへ（*Notornis mantelli* ノトルニス・マンテリ）が今も生息している。一九世紀に絶滅したと思われていたタカへは、一九四八年にフィヨルドランド（氷河が削った渓谷）で生存が確認され、現在約一二〇個体が保護されているということだ。キューイは国鳥に指定され、人々に厚く保護されている。この鳥は夜行性で、一日に約四〇〇匹のミミズを捕食しているという。自然のままのすみ場所では充分な保護ができないので、昼でも夜の森のような環境を人為的に作り養殖したミミズを多数放し、そこでキューイを飼育している。どんな種類のミミズを捕食しているのか筆者は興味深く思った。

ニュージーランドは一〇〇〇年以上も前、カヌーでポリネシア人が、また六〇〇年以上前にはマオリ族の人々が移住してきた。マオリ族の人々が連れてきた飼犬や家畜として飼育していたブタと大型のカヌーにひそんできたネズミなどが飛べない鳥を餌にしはじめた。一七六九年にイギリスのジェームス・クックが訪れて以来、白人が移住するようになった。一八三四年から一八三七年までニュージーランドで貿易をいとなんでいたジョエル・ラックにマオリ族の人が「大昔大きな鳥がいたが餌にする動物が少なかったことと、容易にわなにかける方法があったことから絶滅してしまった」と語ったことを、彼は一八三八年に書いている。

オークランドの博物館には、絶滅した最大のモア（*Dinornis maximus* ディノルニス・マキシムス）の骨格から復元した展示物がある。

現在、動物学ではモアを五属二四種以上に分類している。一度に全部生息していたのではなく、何百万年も前に絶滅したものもあり、またごく最近絶滅したものもある。大多数は化石化していない。沼の泥土に足を踏み入れ、体の重みで引き込まれ、抜け出せなくなって死んだ個体については花粉分析などで死亡時期を推定すると、紀元五〇〇年ごろから何世紀にもわたってそのような原因の死亡がおこっていたこともわかっている。焼かれて炭化したモアの骨が多くの原住民の集落の近くから見つけられており、最後のやや小型のモア（*Euryaterxy grevis* ユーリアテリクス・グレヴィス）は、一八〇〇年ごろに狩によって殺されたらしい。

放射性炭素で年代測定すると、小形のモアの皮や羽で作られたマオリ族の民芸品は、一八世紀のものだと分かるそうだ。

以上のように、人々が住み着いてから生態系は大きく変化させられ、いまは広大な牧野に多数の羊や牛が飼われている。

ミミズについては、ケネス・エルネスト・リー（一九五九）が『ニュージーランドのミミズ相』という四六〇ページからなるモノグラフを著わした。彼は、七〇〇〇個体のミミズを調べ、二七属一七八種のフトミミズ科のミミズと七属一四種のツリミミズ科の計三四属一九二種について記述し、そのうちフトミミズ科のミミズについては四新属五三新種を記している。

ニュージーランドのフトミミズ類の起源は、もとはインド、マレーまたはオーストラリアであって、北方から島々の連鎖を通ってニュージーランドに入ってきたと推定される。また第三紀（約六五〇〇万年前から一六五万年前）には、フトミミズ科のものが入り、ムカシフトミミズは白亜紀（一億三五〇〇万年前から六五〇〇万年前）に入ってきたと推定される。

ニュージーランドの亜南極のミミズは、最近渡ったようで、とくにキャンプベル島とアンテイポーズ島へはごく最近オークランド島から渡ったらしい、とリーは述べている。七属一四種のツリミミズ科のミミズは、すべて導入種である。イギリスのキャプテン・クックが島を訪れて以来、ヨーロッパ人によってユーラシア大陸起源のミミズが導入されたのであろう。

筆者はいくつかの地点でミミズを調べたが、短期間では充分なことは分からなかった。南島のマウント・クックに近い林の林床で調べたところ、汎熱帯性のデイコギャスター・ボラウイ（*Dichogaster bolaui*）らしいミミズを採集した。これは、パプア・ニューギニアでコーヒーの殻皮の堆積のところから多数採集してニワトリが食べるか否かを試したとき、ニワトリに見向きもされなかったミミズである。コーヒー豆の匂いに対する反応だったのか、ミミズそのものに対する反応だったのか不明であるが興味深い。このミミズはリーのリストには含まれていなかったが、彼が調査をした後に植物とともに入ったのかも知れない。

北島のキューイ飼育場で養殖していたミミズをわけてもらったところ、これはヨーロッパからの導入種でツリミミズ科に属するミミズだった。土着のフトミミズ科に属するミミズよりこのミミズの方が繁殖の条件がむずかしくないし、多産なので養殖には適していると思われた。

実際、キューイはどんなミミズをもっとも好むのだろうか。自然のなかで国鳥であるキ

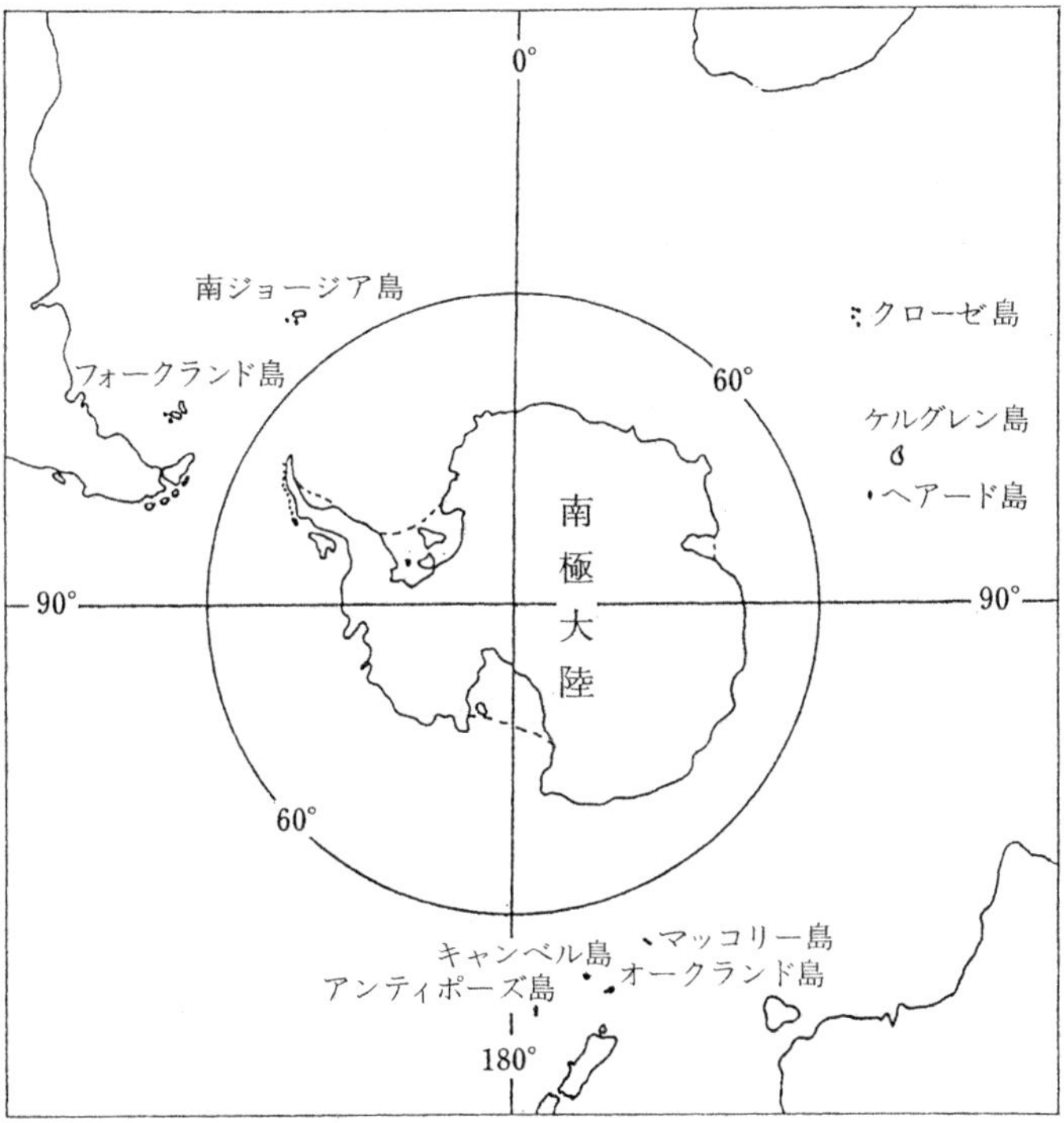

図13　ミミズの生息を調べた亜南極の島々（K. E. Lee〔1997〕より）

ューイが生き生きといきて行けるためには、一日に一羽が四〇〇匹のミミズを食べてもそれを持続的に補って行けるだけの生息環境が維持されなければならない。それを保証することは、広大なニュージーランドでさえも容易《たやす》いことではないらしい。それにしてもキューイを絶滅させる前に気付いて保護することを実行していることを高く評価したい。

亜南極のミミズ

オーストラリアのCSIRO（科学・工業研究国家機構）に属するミミズの研究者ケネス・エルネスト・リーは、「亜南極の貧毛類」（一九六七）という論文を書いた。

一九二七年に彼が生まれて間もなく、一九二九年から一九三一年にわたって行なわれた亜南極のB．A．N．Z．南極調査探険で、クローゼ島、ケルグレン島、ヘアード島およびマッコリー島で採集されたミミズを精査して報告したのである（図13）。

ケルグレン島は、チャールズ・ダーウィンが『ミミズと土』のなかの「ミミズの分布」の項（一二一ページ）で、「この島にはミミズがいることがレイ・ランケスター（Ray Lankester）によって記載されている。更に自分はフォークランド島でミミズを見つけた。しかし塩水に耐性のないミミズがこのような孤立した島にいかにして達したかは現在のところ全くわかっていない。鳥の嘴や脚について幼体や卵包が運ばれるということもありそうにない。ケルグレン島には現在陸鳥は全くすんでいないのである」と記したところである。

なぜ採集されてからこのように長い時間がかかったのだろうか。標本はほぼ三〇年前にプラハのセルノスビトフ博士に送られたが、彼はフレオドリルス科、ヒメミミズ科、ツリミミズ科に関して主として研究されておられ、標本の同定を終える前に亡くなられた。そしてその標本は、大英博物館（自然科学部）を通してリー博士に届いたのである。

セルノスビトフ博士によって、パキドリルス・モノカエトス（*Pachydrilus*《*Marionina*》*monochaetus*）と同定された一二フィートの深さから採集されたミミズは、南緯六〇度よりさらに南で採集されたもので、地球の最南端で採集された貧毛類として非常に興味深いとリーは述べている。

サンフォード（一九八八）は、南極の地衣類やコケ類が一次生産を行なっている陸生生態系に低温と乾燥に耐えて原生動物、ワムシ、ネマトーダ、クマムシ、ダニ、トビムシ、ユスリカなどが生息しているが、ミミズは見られないと書いている。

リーが入手したミミズは、ムカシフトミミズ科のミクロスコレックス属（*Microscolex* 属）のみだったので、それまで調べられていた亜南極の同属のミミズと比較検討して報告を書いた。

亜南極の九島から一二種のミクロスコレックス属のミミズが採集された。これらを詳細に形態的に検討すると、四種はシノニム（同義語）であり、残りの八種はクローゼ島ミクロスコレックス、ジョージア島ミクロスコレックス、オークランド島ミクロスコレックス（*M. crozentensis, M. georgianus, M. aucklandicus*）に代表されるような類似した三グループに分けられた。

体長二四ミリメートルから九三ミリメートル、体の直径一・八ミリメートルから四・六ミリメートル、体節数四六体節から一〇〇体節ほどの小さなミミズに関して、これだけ精査するのには非常に大きな努力を要したと思われる。

地球上に約三〇〇〇種記載されているミミズのなかから類似のものを選び出し、それらと同一か差異がある新種かを明確にするのは至難の業だったのである。

ちなみに、筆者が一九九四年にガラパゴス諸島のうち、サンタクルス島とイザベラ島の農業と関係のない土から採集したのは同じミクロスコレックス属のミミズだったが、種についてはいまだに同定できずに研究は進行中である。

それにしても、このような亜南極の海洋に浮かぶ小さな島にどのようにしてこれらのミミズは到達したのだろうか。興味はつきない。

マダガスカルにて

筆者はマダガスカルにどんな特殊なミミズがいるのかを知りたく思い、一九九六年八月にわずか一〇日間ほどの滞在で数カ所を訪れた。

中生代のジュラ紀に分裂をはじめたゴンドワナランドからアフリカとともに離れて移動し、さらに数千万年前にアフリカから離れて以来、孤立している島である。面積は五九万平方キロメートルでグリーンランド、ニューギニア、ボルネオに次ぐ大きな島である。

東京大学の石弘之教授（一九九二）によれば、八五〇〇種報告されている高等植物の七九パーセントが固有種であり、この島でしかみられない鳥類が一〇五種、カエル類が一四四種、蝶類が二三三種いて、約七〇パーセントの動物が固有種であるという。しかし、この島に人が住み着いて約一〇〇〇年、巨鳥エピオルニスをはじめカバ、二種のゾウガメ、一〇種以上の鳥類などが絶滅している。この島特産のキツネザルが同様の運命をたどり、すでに一四種が絶滅し、二九種に減ってしまっている。

現在、地球上にいるキツネザルの四分の三、カメレオンの三分の二が生息し、特異な動植物が多数生育している。白亜紀にはムカシフトミミズが生育していた。現在はどうだろうか。

一二九四年にフビライハンの宮廷を辞してベネチアへの帰路についたマルコポーロは、『東方見聞録』のなかで伝聞としてマダガスカルにふれている。その見聞録の内容を紹介しつつ、シルヴァーバーグは、『地上から消えた動物』（早川書房）という書物のなかで、長さ一ヤード、太さ一インチのミミズがいる島として、マダガスカルを紹介している。かつてゴンドワナランドに属していた陸地には、きっと特殊なミミズがいるのだろうと筆者は興味深く思っていた。一方、体高約一〇フィート、体重約一〇〇〇ポンドもあった飛べない大きな鳥、エピオルニス（*Aepyornis maximus* エピオルニス・マキシムス）がマダガスカルのジャングルの沼沢地にすんでいたが、数百年前に気候が変わり雨量がかなりへって多くの沼沢地が干上がった。そのために餌をとることもできなくなり、充分なすみ場所も失って、約二五〇〇年前にここで死に絶えてしまったことはあまりにも有名である。そして、

図14　マダガスカル島のワオキツネザル

いまも容量が八リットルもある大きなその鳥の卵の殻が野外で採集されるということもよく知られている。ここに人が住み着いたのはたかだか約一五〇〇年前のことで、約一〇〇〇年前には、マレー人とアラブ人がやってきて処女林を伐り開き、巨鳥の営巣地を奪い、間接的に絶滅を助長したとも考えられている。

この地でペリネの森、フォートドーファン、ベレンティー、モロンダバなど特徴のある生態系を選んで訪れた。

インドリインドリ（キツネザルの仲間）のすんでいるペリネの森には、大きなシロアリのアリ塚はあったが、ミミズについては、ついにポントスコレックス・コレスルルス（*Pontoscorex corethrurus*）以外のミミズを見つけることはできなかった。そしてフォートドーファンの草原でも同じミミズを採集した。

ミミズを見られない非常に乾燥したところには、大きなシロアリのアリ塚があり、やや湿りけがあって、ミミズのいた前記の二カ所からはポントスコレックス・コレスルルスという汎熱帯性のあまりにもありふれたミミズだけが採集された。中央アメリカ起源のこのミミズは、人が荒らした熱帯の土地に植物についた土などとともに入り込み、単為生殖で

図15　マダガスカルの乾燥地の高さ１ｍ位のシロアリの塚

増殖するので非常に早く生息範囲を拡大する。そして土壌環境を変えてしまい、他種のミミズの生息を困難なものにしてしまう。

現地の人に案内してもらって相当多数の地点で調べたのだが、このような状態でがっかりした。

しかし鳥類の生態学者、山岸哲大阪市立大学教授は、一九八九年にこの島の固有種であるオオハシモズ（スケトベ）の社会行動学的研究のために訪れたとき、三カ月にわたって非常な努力をした結果、帰国寸前にマルアンツェトラという道もない、木も伐り出せない辺鄙なところでやっと声だけ聞き、その後、改めて二度研究に訪れられたという。そのことを知り、短期の滞在で珍しいミミズに出会えることを期待するのが無理であることを悟らされた。

それにしてもモロンダバからアンタナナリボまで一時間以上も飛んでいる間、空から眺めつづけた溶脱の激しい真っ赤なはげ山の印象はあまりにも無残過ぎた。かつて生育していた木々を焼き払って焼畑とし、農作に適さなくなった後に植林をしないために表土が流されて赤土がむきだしになっているのである。川の水も赤かった。そして、バオバブなど

図16　マダガスカルのバオバブ

はほんの数本の大きな木を除いては、稚樹のうちにどんどんきって樹皮で屋根をふいたり、細い木を樹皮で結んで小屋をたてたりしているから林は育たないのである。キツネザルは細々とリザーブに保護されている。もし、マダガスカルに固有のミミズがいたとしても、エピオルニスのように絶滅したことを記録にも残されず、キツネザルのように保護もされずにきっと滅び去ってしまったのだろう。七〇〇年前にマルコポーロが報告していた大きなミミズは滅んでしまったのだろうか。まだ探し方によっては出会うことも可能なのだろうか。アンタナナリボのチンバサザ動植物園の一角にたつマダガスカル科学アカデミーの博物館にはエピオルニスの骨格標本はあったが、ミミズの標本に出会うことはできなかった。ミミズは化石もほとんど残さないから、山岸教授がスケトベを見つけたような人手の入っていない林に行き着かなければマダガスカル固有のミミズの調査はむずかしいであろう。

オーストラリアにて

一九八八年四月一五日の『ロスアンジェルス・タイムス』には、オーストラリアのクルンブラに体長三・六メートルもある巨大ミミズ、メガスコリデス・オーストラリスがいることが紹介されていた。

この巨大ミミズのことは、アメリカの大学生用の生物学の教科書にも紹介されているのをみたことがあるが、今日的問題として新聞に紹介されるともっと知りたくなる。

オーストラリアは、かつてゴンドワナ大陸を形成していた。ゴンドワナ大陸といえば、おおきなミミズについていくつかのことをあげられる。マダガスカルでは、かつてマルコポーロが巨大ミミズについて報告していたし、オーストラリア人の友人は、一九八七年夏にパプア・ニューギニアの標高二三八〇メートルのヒドンバレーのノトファグス林で、体長一・二メートル、太さ二・五センチメートルで黄色と黒の縞のあるミミズに遭遇したという。さらに筆者がパプア・ニューギニアの標高二三六〇メートルのカインデ山のノトファグス林で採集した体長八一センチメートルのミミズも大きなミミズだった。

一九六六年五月の『ナショナル・ジオグラフィック』には、記者が巨大ミミズ二匹を両手にもった写真が掲載されている。その記事には、コロンビアのアンデスの標高三九〇〇メートルから四二〇〇メートル位の森林の上にある限られた草原にのみ、体長四・九フィート太さ二インチのミミズがいると報告している（その記事の最後に、二五〇匹のこのミミズを捕らえてコロンビアやアメリカ合衆国に送ったとある。そんなに捕獲してしまって、その地域のミミズのその後がどうなったのか心配になったが、健在なのだろうか。捕り尽くしてしまっていなければ有難いと願った)。

開高健氏の「トルー・ストーリー・オブ・アマゾン」という紀行文のなかに、「ブラジリアの周りに二メートルを越すミミズがいる。それを採集して一二匹まとめて釣師に売って、明日は雨だという日の値に対して、明日は晴天だという日には五〜一〇倍の値で売って五年間そのような商いをした結果、貧民窟の中にコンクリートブロックの立派な家をたてて暮らしているミミズ大尽、マエストロ・デ・ミニョコスー(大ミミズの巨匠)がいる」話がある。

九州大学の村上陽三教授から頂いた私信によると、一九八〇年代の中ごろ、この開高氏の「オーパ(ブラジルで驚いたり感嘆したりするときいう言葉)」を実感したく、そこを訪ねて巨大ミミズの写真を撮られたという。体長は一メートル位で、それを大きな釣針につけて三、四〇キログラムほどの大ナマズを釣るのだそうだ。筆者が日本で入手した最大のミミズの標本は、体長五四センチメートルのハッタミミズだったからそれに比べるとアマゾンのミミズは大変大きい。

一九九一年の夏、筆者はメルボルンの市街から南東約一〇〇キロメートルのところにあるクルンブラのミミズ博物館を訪れた。かつてその地に生えていたという樹高九〇メートルにもなるユーカリの一種、マウンテン・アッシュの林はなく、切り開かれた平坦なところにミミズの形をかたどった博物館があった。これがメガスコリデス・オーストラリスという巨大ミミズのための博物館である。

体長三・六メートル、太さ二・五センチメートルのミミズの寿命は、二〇年に及ぶそうである。卵包は長さは五・五センチメートルくらい、太さは一・五センチメートルくらい、孵化までに六カ月くらいかかるという（本川達雄〈一九九二〉は、循環器系は持つが、特別な呼吸器系は持たないミミズは、体の半径は一・三センチメートルを限度としていることを、体の内外の酸素分圧の違いとガスの拡散の速度から理論式を用いて整然と説明している）。

背行血管と腹行血管とを一六カ所で連結している簡単な閉鎖血管系の循環系なのに、総身に酸素と栄養を送ると同時に排出物を排出している。その血液のヘモグロビンの酸素との親和力は、ヒトの血液の場合の五〇倍であることをモナシュ大学のボールドウイン博士が研究中であると場内展示には書かれていた。

アマゾン流域で、国連大学の「湿潤熱帯における気候・生物相・人間の相互関係」のプロジェクト研究に参加しているフランス人科学者パトリック・ラヴェルは、樹木の消失と土壌の流出の関係にふれて「自然植生があれば土壌の流出は年間ヘクタール当たり〇・〇三〜〇・二トンだが、むきだしの休耕地では四〜七〇トンである。自然植生のある森林の有機土壌にはミミズが多数すんでいるが、もし大きな木がきり倒されると、かわりに木を植えても、もうミミズはすめなくなる」といっている。

すみ場所に生えていたマウンテン・アシュをきりはらわれてしまったクルンブラのこの巨大ミミズは、博物館のなかだけで生き延びてゆけるのだろうか。まだどこかに彼らが自然のなかで生きてゆける環境が残されているのか心配になった。

それにしてもゴンドワナ大陸起源のさまざまな巨大ミミズに関しての情報は、生命のもつ歴史性を強く感じさせてくれる。

ポリネシアの島々にて

ビーグル号航海の途次、チャールズ・ダーウインがガラパゴスに次いで訪れたのはソサエティー諸島のタヒチ島であった。一八三五年一〇月二〇日から訪れていて、『ビーグル号航海記』には一一月一五日に、耕作のできる土地は、どの場所でも、山地の裾にかたまっていて、沖積土の低い縁に限られ、さんご礁で海波から保護されていた。さんご礁は海岸の全線をかこんでいる。礁内には、湖のような広々とした滑らかな水面があり、そこで土人たちは独木舟を安全に操ることができ、船も停泊ができる。さんごの砂の浜まで下がっている低地は、熱帯の美をつくした生産物で被われていた。（島地威雄訳、岩波文庫）

と記している。

筆者は一九九五年二月にタヒチ島とモーレア島を訪れ、さまざまな地点でミミズに関して調査を試みた。

ダーウインが記しているような状態で、さんご礁に囲まれており、植生にも人の影響が大きく及んでいるこの島は、ガラパゴス諸島の状態とはまったく異なっていた。海岸近くのギンネムの群落で、ポントスコレックス・コレスルルスを採集できたが、他の調査地ではミミズは採集できなかった。

ポリネシアのマルケサス諸島のフタ・ヒバで一九八八年八月に、ビショップ博物館のステイーブ・モンゴメリー博士が、筆者のためにミミズ調査を行なってくれたおりも、このミミズのみ九匹採集できた。

アメリカのマムフォード（一九三六）は、マルケサス諸島の陸生動物相についての調査報告のなかで、

ミミズはポントスコレックス・コレスルルス（広域生）とメガスコレックス・テナックス（オーストラリア起源）のみ採集できたが、固有種のミミズを期待することはできない。

と記している。さらにマルケサス諸島ではミミズをノケ、ノエ、トケ、トエと呼んでいたと報告していた。

このような島々には植物とともに大陸からもたらされた土とともに、ポントスコレックス・コレスルルスのようなミミズがもたらされ、それが他のミミズの生育に不適当なように土の性質を変えてしまうので、これが主になっているのではないかと思う。

その他の地域にて

一九九二年九月にはモンゴルのダタールの草原と南ゴビの砂漠で調査した。ダタールの草原はエーデルワイス（ヒナウスユキソウ）やマツムシソウ、丈の低いイネ科の草が一面に地面を被っていて羊が放牧されていた。この

ようなところで何地点も調査したが、ミミズは採集できなかった。土は乾いて固く固まっていた。雨量が少なく土が乾いている上に気温の日較差が大きく、日中は暖かなのに朝夕はひどく低温で、九月はじめというのに、草原は一面霜に被われていた。ミミズが生息しているなら冬眠していたのかもしれない。

草原全体を見回すと緑に見えるのだが、枠をおいて部分的に調べると豊かな草原ではない。だから羊のように草を食べながら移動する動物でなければ適さない。牛のように、一カ所で草を食べ尽くしてしまってはたちまち地面がむき出しになってしまうだろう。もしこの土地にツリミミズ科のミミズを放し飼いして、うまく殖やせれば土が柔らかくなるし、土壌が肥沃になるのではないかと考えた。しかし、モンゴルの草原では物の動きが非常に合理的に行なわれている。

太陽エネルギーを草本の植物が光合成で固定する。その草本を羊が利用し、その肉、内蔵、乳、毛皮、糞などすべてが人間に利用され尽くしている。また住宅、衣服、食物、燃料を賄っている。もし羊を介することなしには人はこのような草原で生活することはむずかしいだろう。しかし、そのように移動生活を営なんできたゆえに、ここの人達は、ミミズなどに着目して肥沃な土を作り保持しようとはしなかったのだろう。

南ゴビの方でも、何地点か調査したがミミズにはであえなかった。恐竜の骨が多数掘り出されている砂漠のようなところもあり、ナキウサギが多数活動していた岩山のあいだの草原もあり、清水が流れていたが、そのようなところに散在する黒土のところにもミミズを見られなかった（モンゴルの草原で土壌動物を研究なさった寺田美奈子博士にうかがったら、肉眼でよく捕らえられる大きなミミズはいないようだが、抽出器を用いて調べると顕微鏡的なヒメミミズはいるとのことだった）。

一九八三年九月、アフリカのケニアのキリマンジャロの麓のサバンナでミミズを調査しようと努力したことがある。ライオンに襲われるといけないからと銃器を持ったガードマンに護ってもらいながら、せかされてのことで充分には調査できなかったが、ミミズをみつけることはできなかった。しかし、付近には高さが一メートルも越す大きなシロアリのアリズカが散在していた。

マダガスカルのモロンダバのバオバブが多数生育していた乾燥した土地でも同様に大きなシロアリのアリズカが散在していた。種は同じか否かまったく確認していない。

このように非常に乾燥しているところは、ミミズの生存には不適で、代わりに自ら繁栄しながら有機物を分解したり、水分を保持しているのがこのシロアリのように見える。

人間の活動とミミズの盛衰

地球上のさまざまな地点でのミミズの分布と人間の活動との関係について考察を試みたい。

昔のミミズ

オルドビス紀に北アメリカのケンタッキー州から、シルル紀にイギリスのヘレフォード州から、石炭紀に北アメリカのミシシッピー層からミミズの化石プロトスコレックスが発見されているが、これらの地点を含む現在のヨーロッパおよび北アメリカ東部には、図7に記されたように、一億二〇〇〇万年前にはツリミミズ科のミミズが生息していたようだ。そして東南アジア、アジアおよびオーストラリアにはフトミミズ科のミミズが、北アメリカ西部、南アメリカ、アフリカ（マダガスカルを含む）、オーストラリアおよび印度亜大陸にはムカシフトミミズ科（アカントドリルス科）のミミズが生息していた。

その後、大陸は移動し、火山活動によってハワイ諸島や、ガラパゴス諸島、小笠原諸島のような海洋島が生じてきた。一方、約四〇〇〇万年前ころからヒトが地球上に出現してきたと現在認識されているが、長い間、ヒトは自然生態系のごく一部を占める一構成者にすぎなかった。ヒトがミミズに影響を及ぼした記録をオーストラリアにみることができる。

種の特殊化に要する時間

アメリカの人類学者ゴルソン博士（一九七一）によれば、アジアとニューギニアとは常に一〇〇キロメートルにわたって海で隔てられていたが、約二万年前にアジア側からニューギニア側にヒトが渡ったという。ニューギニアとオーストラリアは、約八〇〇〇年前まで海進海退にともなって陸続きになったり離れたりしていた。アジア側からのヒトの移動によって、明らかにアジア起源のミミズが一種オーストラリアで特殊化してスペンセリエラ属（*Spenceriella*）として生存しているとオーストラリアのジャミーソン博士（一九七七、一九八一）は述べている。

数百万年前から数十万年前に形成され、今もなお形成されつつあるハワイ諸島は、どの大陸とも四〇〇〇キロメートル以上離れていて海に囲まれている。したがって、海水に耐性のないミミズは自力で到達することができず、四世紀にポリネシア人によって、また一八世紀にヨーロッパ人によってもたらされたミミズしか見出されない。ポリネシア人到着以来、約一七〇〇年という時間は、ここでミミズが特殊化するには短かすぎる時間だった。ガラパゴス諸島は、大陸から約一〇〇〇キロメートル離れ、三〇〇万年前に火山活動によって形成された海洋島だが、ハワイ同様人間が定住するようになって以来、農業活動にともなってもたらされた四種のミミズが見られる。ほかに農業とは関係がないと判断される五種かもしれないミミズはいつ、どのように到着したのかいまだ不明である。

小笠原諸島も東京から約一〇〇〇キロメートル離れ、約三〇〇〇万年前に火山活動で形成されているが、いま、認識されているのは農業活動にともなって約五〇〇年前にもたらされたミミズで特殊化はしていない。

マルケサス諸島のヌク・ヒバやソサエテイー諸島のタヒチ島のようなポリネシアの島々には、ポントスコレックス・コレスルルスという汎熱帯性の人為的導入種のみが見られる。人によって植物とともにもたらされた土壌とともに運ばれたミミズは、それらのところで特殊化はしていない。スペンセリエラに見られるようなヒトによって運ばれたミミズの特殊化には約二万年の時間が必要だったのかも知れない。

あるミミズの衰退

巨大ミミズの項でふれたが、かつてゴンドワナ大陸を形成していた土地には大きなミミズが生息しうるような条件があったと思われる。しかし、現在はコロンビアでも、オーストラリアのクルンブラでも、ブラジリアでも非常に限られたところにのみ巨大ミミズは生息している。人間によって大きく変えられてゆく環境のなかで、彼らが自然に生息してゆくには必要な条件を失いつつあるように見える。かつてマルコポーロが『東方見聞録』の中でふれていた大きなミミズがすんでいたマダガスカルは、いまは人間による激しい自然破壊のなかで、そのような生命を保持するのはむずかしいように見える。

日本の巨大ミミズ

日本にいる一番大きなミミズは、前述したようにハッタミミズであろう。筆者は、体長五四センチメートルのフォルマリン液浸標本を保持していたことがある。史書によれば、銭屋五兵衛（一七七三〜一八五三）が外国との貿易によって海外（インド、フィリッピン、ジャワ方面）から持ちこんだらしい。ランの根の土や、植木鉢のなかの土に卵包がついてきて繁殖したらしいといわれている。現在は、石川県の河北潟と琵琶湖付近の滋賀県近江八幡市から採集されているという。田の畔に穴をあけて水管理に支障をきたすといけないので、他の地域にひろがらないように管理しながらウナギの餌として利用するためにその生存条件を保持してきたらしい。このミミズは、日本に持ち込まれて以来、まだ約一五〇年しかたっていない。

現在の日本では

日本で、農業にミミズを利用するようになったのは一九七五年ごろからである。主として用いられているのは北アメリカおよびヨーロッパ起源のルンブリクス・ルブルス（アカミミズ）の家畜化型である。日本のその土地固有のミミズでは、生活サイクルが長すぎて農業には向かないので、適した導入種が用いられているのである。それは農業の土壌改良用にも、釣り餌にも用いられている。管理された状態から逃げ出しているのも見られる。

人間は、いまをさかのぼるわずかな時間で自然環境を大きく変えてきた。巨大ミミズなどは片隅に追いやるか消滅させ、一方、便利のためにはかつてそこに生息していなかった種を持ち込んで、それをあまりに注意もせず自然環境に放している。

長江流域に、すでに四五〇〇年にわたる文明があって、下流域では七〇〇〇年前から米作が営まれていたことが最近判明してきた（一九九六年一一月一五日、『朝日新聞』）。ナイル河流域と同じく、その土壌形成にはミミズが働いてきたと思われるが、それらが明らかになるまでにはまだ時間がかかるだろう。ともあれ、ヒトが自然の一構成要素としてひそやかに暮らしていたころには、ミミズとともに生きてもその分布を変えるような影響を及ぼしはしなかった。二万年より後に、そして多くはごく最近、人間活動によるミミズの分布への影響がみられるようになったと言えよう。

地球上に約三〇〇〇種識別されているミミズを、多くの人は何種類認識しているだろうか。はっきりその存在を認識する前に生息場所を不適にし、滅ぼしてしまったり、自分に都合のよいミミズを導入することで、そこにすみ着いていた土着種を滅ぼしたりしてしまわなければ幸いと思うが、そのような条件作りは意外とむずかしいことであるように思える。

地球の生態系とミミズの役割

ミミズの薬用成分と有毒成分

子供のころ、やや高熱のときにはミミズを煎じた飲み物を、またおなかの調子のよくないときにはゲンノショウコを干したものを煎じた飲み物を祖母に飲ませてもらったかすかな記憶がある。そのときに用いたミミズは、庭の隅から集めてきたシマミミズを湿ったお茶殻で数日間飼った後にザルに入れて熱湯をかけてから日光にほして保存していたものを使ったように記憶している。それからもう六〇年以上も経過し、かすかな記憶を残すのみで、その後、道端でゲンノショウコをみつけても採集しなくなったし、手のかかるミミズにいたっては一、二度経験しただけだったように思う。

漢方の記録

中国の明代の李時珍（一五一八〜九三）が編纂し、一五七八年に完成させた『本草綱目』（一五九六年に刊行）という本草書のなかに、一九〇三種の薬物が一六部六〇類に分けて収められ、解熱剤として、さらにその他のミミズの効用が述べられている。この書物は、日本に一六〇七年に伝えられ、大きな影響を与えた。ミミズについては『本草綱目』のなかの虫部（四二巻）で述べられている。この書は、『国訳本草綱目』全一五冊として一九三〇年に初版が出版され、その第一〇冊に一一ページにわたってミミズに関する記述がある。

漢方ではミミズを地竜といい、広地竜（*Lumbricus kwangtungensis*）と土地竜（*L. nativus*）を乾燥させたものを用いると解説がある。広地竜の原動物は、アジアフトミミズ（*Pheretima asiatica* Michaelsen 和名は筆者が附した）で、土地竜の原動物は種類が多いが、カッショクツリミミズ（*Allolobophora caliginosa* 今は *Aporrectodea turgida* と表現していることが多い）が、もっとも多く見られると解説がある。土を除いた後、乾燥させて砕いて用いたり、酒につけて用いたり、ときには生きたミミズをネギの葉に閉じ込めておき、死んで溶けた後にその液を用いたり、いろいろな用い方を、経験にもとづいて紹介している。解熱剤としてのみならず、子供の小便不通、頭風の歯痛、卵腫、脱肛などの治癒にも効果が見られるとある。有効成分などについては述べられていない。

今ミミズはどう使われているか

しかし昨今、漢方薬についての本を数冊調べたが、ミミズについての記述を見ることはむずかしい。よく効く薬剤が多数出回り、医療機関が整っている日本の現状では、手のかかるミミズは省みられなくなったのであろう。たまたま『自然の薬箱』（鯉淵百合子訳、一九九二）という表題で、一九九二年に英語で書かれた本のなかにルンブリクス・テレストリス（北アメリカやヨーロッパにいるツリミミズ科のミミズ *Lumbrus terrestris* でツチミミズという和名を中村好男博士がつけた）の薬効を「解熱を助け、気道を拡げ、痙攣を予防し利尿作用もある」と紹介しているのにであった。体の全体を粉末にして使用し、呼吸困難、咳、むくみ、発熱など、とくに肺に関する症状に処方また解熱剤としても使用するとあるが、有効成分は不明と書かれている。

ミミズを薬用として扱った学術的な論文として畑井新喜司《しんきし》（元東北大学教授）が、その名著『みみず』（一九三二）のなかで紹介している田中伴吉、額田晋（一九一四）「蚯蚓の解熱作用及びその有効成分につきて」を筆者もふたたび要約的に紹介し、考察を試みたい。はじめに、エドウィン　スタントン（Edwin Stanton 1906）の、ミミズを与えられたカモが痙攣を起こし、ガチョウとニワトリが死んだという論文を紹介し、ミミズはときとして生命に毒作用を及ぼすことを述べている。しかし、このミミズがどのような種だったのかについてはふれていない。

おおよそ三五〇グラムの乾燥ミミズ（種類は不記載）に、二リットルの水を加え、約半量になるまで数時間煮沸する。煮沸中には特有の臭いのある泡を生ずる。これを濾過して弱酸性の暗褐色の液を得る。これを水浴上で約三〇〇ミリリットルになし、冷却して後、約二倍量の無水アルコールを加えると、黄褐色の沈澱を生ずるので、ガラス棒で撹拌し一日放置してのち、黄褐色の上澄をすて、沈澱に無水アルコールを加え、ガラス棒でよく撹拌してのち静置し、この操作を数回繰り返し、加えたアルコールが黄色くならないことを確認してから沈澱を水浴上または硫酸乾燥器内で乾燥すると灰色の粉末約一〇グラムを得る。この物質が解熱作用を示す。この物質をルンブロフェブリン（Lumbrofebrin）と命名した。

六月に環帯のある体長約一三〜一五センチメートルのミミズを採集して食塩水で洗い、真水で洗浄したあと前述の方法で処置して同じ物質を得た。

この物質を水溶液として直腸温度が摂氏約三八〜四〇度の家兎を用いて解熱作用の試験を行なっている。

温刺法で体温を摂氏約一・五度上昇させ、これに〇・五グラムおよび〇・三グラム相当の試験物質を含む水溶液を皮下注射および経口的に与えて体温の変化を調べている。

比較のためにアンチピリン、キニーネ、サルチル酸ソーダ、モルヒネ、コデイン、ウレタンを用いて体温の変化を調べている。調査個体数は多くはない。結論としてこの物質の解熱作用は有効であるとして、成分の分析を行なっている（この分析の方法を見ると、この時代にこのような研究をしたことの大変さがよく分かる）。

ルンブロフェブリンは、灰褐色潮解性の物質で、水にはよく解けるが、アルコールやエーテルには不溶性である。水溶液は黒褐色で弱酸性、わずかの不水溶性の沈澱は塩酸、硫酸のような酸を加えると溶解する。毛細管に封じて融点を調べると固有の融点を示さず、摂氏二二〇度で黒色に変じ、しだいに分解する。

灰分量　一九・三パーセント（カルシュウム及び燐酸）
窒素（ケールダール法による）八・九パーセント
炭素および水素（燃焼法による）炭素三四・五パーセント、水素六・三五パーセント
右のデータから灰分を除外して $C_9H_{18}N_2O_6$ の実験式を推定している。
さらに反応をしらべ、有効成分は、チロシン*の可能性があると推定している。

＊チロシンは生体を構成しているアミノ酸の一種である。

以上が要約的紹介である。日本にフトミミズ科に属するミミズだけでも一五五種以上いるといわれるのに、用いた生物材料の種を明らかにしていないのはこの研究の大きな欠点である。同じ貧毛目に属していても、特殊な成分に関しては種による差異がある可能性は充分にあるのである。このような論文が報告されているが、対象動物も確定されていないような不完全さゆえに、さらに精査されなければ確度の高い情報源とはなりえない。

動物を用いての解熱作用の試験もあまりにも少数例である。そして比較に用いた薬剤をみると、この実験に非常な不自然さを感ずる。

しかし、この論文を紹介して解熱作用の主成分がルンブロフェブリン $C_9H_{18}N_2O_6$ であろうという著書が著わされると、そのような理解のもとにあたかも確度の高い情報のようにあつかわれ、また孫引きもされてゆく。

それにしても、もし日本のミミズの同定が比較的行ないやすい状態だったら、この論文でもそれを正確に記したことだろうと残念に思うことしきりである。これでは科学的研究なら当然のことである別の人による追試が不可能である。

ミミズの有毒成分

さらに同じ年に瀬脇寿雄（一九一四）は、「『テレストロ』『ロンブリリシン』（蚯蚓毒）ニ就テ」という論文を著わした。

その内容は、「豚が誤ってミミズを食うと痙攣をおこすということをきいてミミズをいろいろな所から集めて毒性の有無を調べたところ、シーボルトミミズは無毒であり、A型ミミズは四月から九月にはカエル、南京ネズミ、モルモット、家兎に中毒をあらわし七、八月には特に毒性が強いとの結論を得ている。また加熱したものは毒性を現わさない」ということである。

この研究もミミズの種類や採集場所の条件など、どのような生育段階のミミズを用いたかもあきらかにしていない。そして実験方法も非常に粗いものである。ハワイのマウイ島で野生化した豚の胃の内容物をしらべたデイオング（一九八三）の論文によれば、調査した胃の九〇パーセント以上から餌にしたミミズがみつかり、またあるときには胃の内容物の二九・三パーセント（二〇一八ミリリットル）をミミズが占めていたという。その種類は、ハワイにすみついた九種の導入種だったということである。そのように野生動物にとっては、ミミズはある時は生命を支えている貴重な栄養源でもある。

レーチェル・カーソン（一九六二）が指摘したように、環境のなかに散布された殺虫剤の毒を濃縮したミミズを食ったために、たった四年のうちにミシガン大学構内に生息していた三七〇羽のコマドリが全部死滅してしまったというような例もある。それはミミズそのものの成分が死をまねいたのではなく、人為的に散布された有毒な化学物質による汚染の影響であった。

しかし、瀬脇によるこの論文も前者同様一度成書のなかに紹介されると、ミミズには有毒なものもあると孫引きで紹介されることになるのである。

記載されているだけで約三〇〇〇種類のミミズがいるのであるから、薬用とか毒性とかを明確にする、このような研究には種類、採集場所、飼育条件、生育段階などについて充分な配慮がなされなければならない。

ミミズの分化

ガラパゴス諸島

ガラパゴス諸島のなかの二島、サンタクルス島の固有の植物、スカレシア林の土壌とイサベラ島のシェラネグラ火山の外輪山のダーウイニオサムヌス群落の土壌、その他三カ所からミクロスコレックス属（*Microscolex*）のミミズを採集し、サンタクルス島およびサンクリストバル島の海水の影響をうけるようなところからポントドリルス属（*Pontodrilus*）のミミズを一九九四年夏に筆者は採集した。

ガラパゴスのような大陸から約千キロメートル離れた、大陸とは一度も陸続きになったことのない海洋島で、固有種の植物が生育し、人為的栽培とは関係のない土壌に生息しているミミズはどのような経過でここに至り、どのように分化してきた可能性があるのだろうか。

オーストラリアのケネス・エルネスト・リー（一九五九）は、ミクロスコレックス属、ポントドリルス属、ロドドリルス属は、海水に二次適応したミミズであると記している。大英博物館のミミズの研究者イーストン（一九八四）は、地球上に広汎に生息していて二九種として記載されているポントドリルス属のミミズを一種にまとめ、他のすべてをシノニム（同義語）としていた。

約三〇〇万年前に形成された火山性の海洋島ガラパゴスでは、飛翔力があり、自力で島に到達した鳥ですら島ごとに分化して固有種として生息している。スカレシアやダーウィニオサムヌスをはじめとするキク科の植物もたぶん自然に到着した種子から、この島で固有種の植物として分化して現在に至っている。ミミズのように、海水に対する耐性もなく、自らは大きな移動力も持たない動物ならガラパゴス諸島の離れた島々の間では分化していて当然のように思える。

二島から採集されたポントドリルス属のミミズは、この属としての共通の特徴は備えているが、単純に外観を比較すると明らかな差異が見られる。種が異なるか否かをどんな点で明らかにできるのだろうか。DNAレベルで比較検討しようにも他の種にかんして比較検討できるデータがなければ問題にならない。

ミミズのヘモグロビンとヒトの血液

そんなときミミズのヘモグロビンのアミノ酸配列について研究をしておられた日本大学医学部の宍倉文夫博士から共同研究の申し入れをうけた。ルンブリクス・テレストリス（和名はツチミミズ）の細胞外ヘモグロビンのモノマーサブユニットのアミノ酸配列について、一九八七年に論文を書かれた宍倉博士と共同で研究を進められたらこんなすばらしいことはない。

さっそく準備にかかったが、一九九六年には残念ながらガラパゴスでの共同研究を進めるのには対応する受け入れ体勢が整わなかった。しかし、関連する研究としてガラパゴスのポントドリルス属と同じ属のミミズ、ポントドリルス・マツシメンシス（*Pontodrilus matsushimensis* 和名――イソミミズ）が日本にも生息しているので、そのヘモグロビンのアミノ酸配列について研究が進められ発表された（一九九六）。この成果と既発表のミミズのヘモグロビンのアミノ酸配列に関する成果などを参照しながら以下に説明を試みたい。

ヒトの体内を体重の約一三分の一の血液が流れ、体の隅々まで栄養と酸素を運び、毛細管で交換が行なわれ、静脈血となって老廃物と炭酸ガスを運び去るが、この酸素運搬の役割を担っているのが赤血球中にある血色素ヘモグロビンである。

ミミズの卵包の膜を通して孵化直前の動いている赤い血管を眺めると、ミミズもヒトと同様に赤い血を持った動物なのだということを強く認識させられる。ただし、ヒトのヘモグロビンは、赤血球のなかに存在するから酸素と反応する表面積は大きいが、ミミズのヘモグロビンは、血漿のなかに溶けているから酸素と反応する面はずっと狭い。

オーストラリアのヴィクトリア州クルンブラにいる体長三・六メートルにもなる巨大ミミズの血液は、ヒト血液の五〇倍もの酸素との親和力を有するとミミズ博物館の展示には記されていた。

このミミズの血液については、モナシュ大学のボールドウィン博士（一九八四、一九九四）らが生理学的に研究を行なっておられる。

ヘモグロビンのアミノ酸配列

ヘモグロビンのアミノ酸配列の問題に話を転じたい。哺乳類のヘモグロビンを構成するアミノ酸の鎖のうち、α鎖一四一個のアミノ酸の配列について比較すると、ヒトとゴリラは一個異なっており、ヒトとウマでは一九個異なっている。アミノ酸配列に何個の差異があるかということは、系統が分岐してからの時間に比例している。ヒトとウマの分岐時点は約八〇〇〇万年前になるが、これは古生物学の研究の結果とよく一致しているということである。

ミミズに関しては図18に示すように、フツウミミズ、ヒトツモンミミズ、シーボルドミミズ、ツチミミズ、イトミミズ、イソミミズの六種に関して調べ、ほかに同じ環形動物のイトメを比較した。さらに一九七七年に新しく発見されたハオリムシ門に属するチューブワーム（ラメリブラキア *Lamellibrachia*）に関して調査されたデータを合わせて比較検討する。

約一四一個（一部欠けていたりするので必ずしも同数ではない。）のアミノ酸配列のうち、ミミズとイトメに共通のアミノ酸は二六カ所であるが、チューブワームも併せてみると、二三カ所が共通であった。二番目と一三一番目にシステインというアミノ酸があり、この

地球の生態系とミミズの役割　*128*

ヒト VLSPADKTNVKAAWGKVGAHAGEYGAEALERMFLSFPTTKTYFPHFDLSHGSAQVKGHGKKVADALTNAVAH
ウマ VLSAADKTNVKAAWSKVGGHAGEYGAEALERMFLGFPTTKTYFPHFDLSHGSAQVKAHGKKVGDALTLAVGH
　　　*　　　　　*　*　　　　　　　　*　　　　　　　　　　*　　*　　　*　*

ヒト VDDMPNALSALSDLHANKLRVDPVNFKLLSHCLLVTLAAHLPAEFTPAVHASLDKFLASVSTVLTSKYR
ウマ LDDLPGALSDLSNLHANKLRVDPVNFKLLSHCLLSTLAVHLPNDETPAVHASLDKFLSSVSTVLTSKYR
　　*　**　*　*　　　　　　　　　*　*　***　　　　　　*

ヒトのヘモグロビン(Fermi and Perutz, 1977.)
ウマのヘモグロビン(Ladner et al., 1977.)

アミノ酸の略号
G：グリシン	A：アラニン
V：バリン	L：ロイシン
I：イソロイシン	M：メチオニン
P：プロリン	F：フェニルアラニン
W：トリプトファン	S：セリン
T：トレオニン	C：システイン
Y：チロシン	N：アスパラギン
Q：グルタミン	D：アスパラギン酸
E：グルタミン酸	K：リジン
R：アルギニン	H：ヒスチジン

図17　ヒトとウマのヘモグロビンの *α* 鎖のアミノ酸配列

数種の環形動物およびハオリムシのヘモグロビンのモノマー・グロビン鎖

```
　　フツウミミズ： DCDVLERFKVKHQWQAVFS-EAHRTDFSLHFWKEFLHDHPDLVGLFKRVNG
ヒトツモンミミズ： ECDVLERFKVKHQWQTVFS-EAHRTEFSLHFWKEFLHDHPDLVELFTRVNG
シーボルドミミズ： DCNTLKRFKVKHQWQQVFSGEHHRTEFSLHFWKEFLHDHPDLVSLFKRVQG
　　　ツチミミズ： ECLVTEGLKVKLQWASAFGHAHQRVAFGLELWKGILREHPEIKAPFSRVRG
　　　イトミミズ： ECDALQRFKVKHQWAEAFGTSHHRLDFGLKLWNSIFRDAPEIRGLFKRVDG
　　　イソミミズ： DCDVLARFRVKHQWQEVFL-GSNRMEFSHDLWKEFFHDHSDLVALFKRVHG
イトメ（ゴカイ）：TDCGILQRILVLQQWAQVYSVGESRTDFAIDVFNNFFRTNPD-RSLFNRVNG
　　　　　　　　  *       *  **         *  *                  * ** *
　チューブワーム：YECGPLQRLKVKRQWAEAYSSGEDREEFGHFIWTHVFKDAPSARDLFKRVRG
　　　　　　　　  *       *  **         *  *                  * ** *

　　フツウミミズ： DNIYSPEFQAHGIRVLAGLDSVIGVLDEEDTFNVQLAHLKAQHTERGTKP
ヒトツモンミミズ： ANIYSPEFQAHGIRVLAGLDSVIGVLDEIPTLTVQLAHLKAQHTERGTKP
シーボルドミミズ： ENIYSPEFQAHGIRVLAGLDSVIGVLDEDDTETVQLAHLKAQHTERGTKP
　　　ツチミミズ： DNIYSPQFGAHSQRVLSGLDITISMLDTPDMLAAQLAHLKVQHVERNLKP
　　　イトミミズ： DNAYSAEFEAHAERVLGGLDMTISLLDDQAAFDAQLAHLKSQHAERNIKA
　　　イソミミズ： ENINSPQFQAHGIRVLAGLDGLCALDEEDTTLNQLLVHLKGQHTERGTKP
イトメ（ゴカイ）： DNVYSPEFKAHMVRVFAGFDILISVLDDKPVLDQALAHYAAFHLQFGTIP
　　　　　　　　　  *  *  * **  **  * *               **     *
　チューブワーム： DNIHTPAFRAHATRVLGGLDMCIALLDDEGVLNTQLAHLASQHSSRGVSA
　　　　　　　　　  *     * **  **  * *   *  *        **     *

　　フツウミミズ： EYFDLFGKHLADHLGDKLG-THFDFGAFRDCYAV-IAAGIKP-
ヒトツモンミミズ： EYFDLFGKHLASHLGDELG-THFDYAAFRDCYDF-IASGIKP-
シーボルドミミズ： EYFDLFGTQLFDILGDKLG-THFDQAAWRDCYAV-IAAGIKP-
　　　ツチミミズ： EFFDIFLKHLLHVLGDRLG-THFDFGAWHDCVDQ-IIDGIKDI
　　　イトミミズ： DYYGVFVNELLAVLPDYLG-TKLDFKAWSECLGV-ITGAIHD-
　　　イソミミズ： EYFDIFGVHLLRILDDHLGKTYFARQEWQDCYAV-IAAGIKP-
イトメ（ゴカイ）： --FKAFGOTMFQTIAEHIH--GADIGAWRACYAEQIVTGITA-
　　　　　　　　　      *                        *    *   *
　チューブワーム： AQYDVVEHSVMMGVEHEIGQNVFDKDAWQACLDV-IGGIQGN-
　　　　　　　　　                              *    *
```

チューブワーム
（ラメリブラキア：ハオリムシ門）

鈴木 他（1990）

図18　ミミズのヘモグロビンのアミノ酸配列

アミノ酸はＳＨ（硫黄と水素の結合）結合を持っていて、この部分でこのアミノ酸の鎖はＳＳ結合を構成する。しかし、イソミミズは七三の位置に、チューブワームは七二の位置にもう一個システインをもっている。これはどんな役割を果しているのだろうか。

チューブワームは、一九七七年に太平洋のガラパゴス島沖で発見され、既知のどの動物の門にも属さない生物で、体はチューブ状で長さ五〇センチメートル〜一メートル。太さ〇・五〜一センチメートルで、口も消化管も肛門もない。体内に細菌を共生させ、エラを通して細菌に酸素や硫化水素を供給している。細菌は硫化水素を有機物に変えてチューブワームに栄養を与えている。

発見以来調査が進むと、一万メートル以上の深海からも日本近海の水深八二メートルの鹿児島湾からも採集されている。チューブワームの場合、七二の位置に他より一個多くあるシステインは、硫化水素と結合して機能しているのではないかと予測されている。イソミミズの七三の位置にあるシステインの機能はいまはまだ不明確である。

このようなアミノ酸配列のデータからこれらの動物たちが分岐したときを推定した結果を図19に示した。多毛類（ゴカイの仲間）と貧毛類（ミミズの仲間）の分岐が四億五〇〇〇

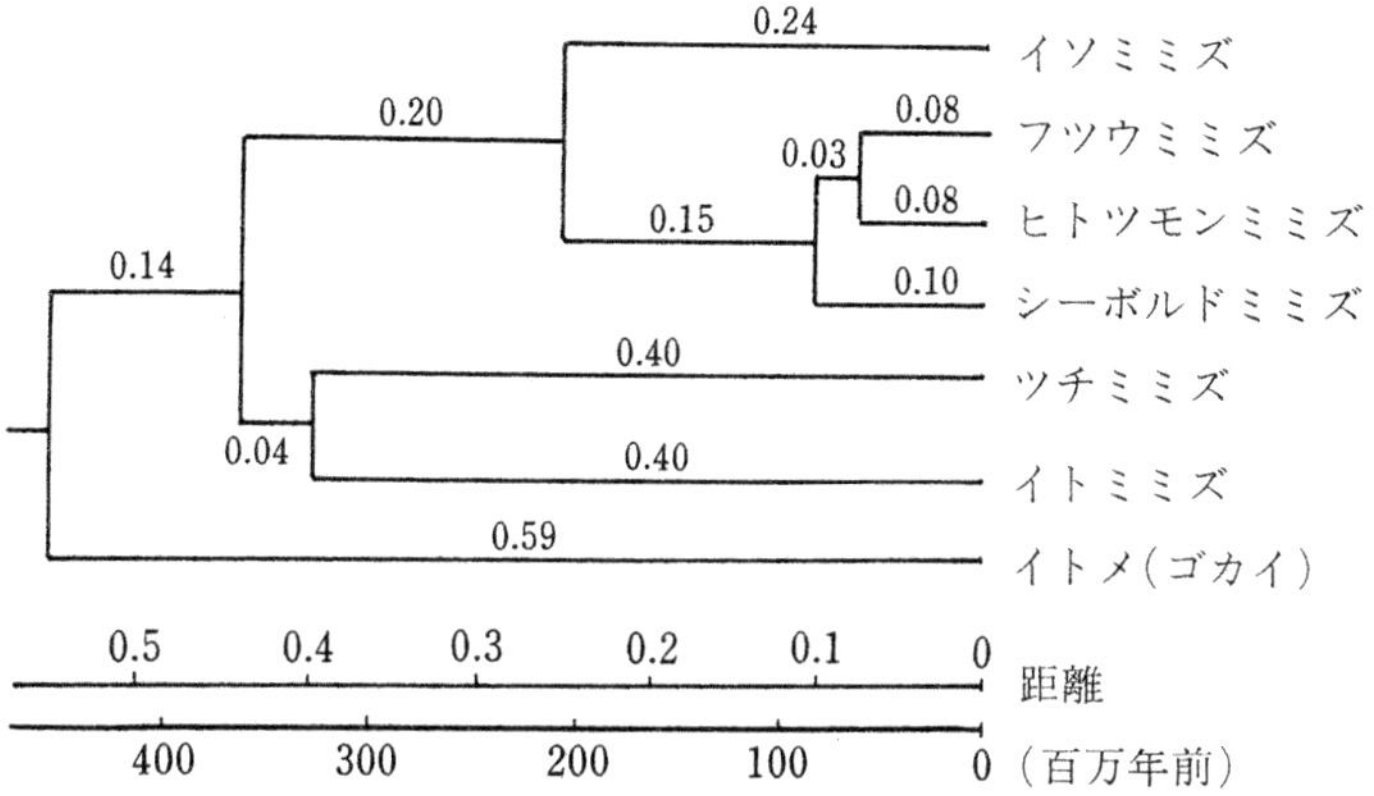

図19　ミミズの系統関係

万年前と推定すると、フトミミズ科のフツウミミズとヒトツモンミミズは六二五〇万年前に、さらにフトミミズ科のシーボルドミミズとこの二種のミミズは八三三〇万年前に分岐したことになる。ムカシフトミミズ科のイソミミズと前述三種のミミズは、二億八八〇万年前に分岐したと推定される。

ツリミミズ科のツチミミズとイトミミズ科のイトミミズが分岐したのは三億三〇〇〇万年前、この両者とフトミミズ科、ムカシフトミミズ科が分かれたのは三億八三〇〇万年前と推定される。三〇〇〇種記載されているなかのわずか六種について調べられたので、あまり多くのことは分からないが、ジャーミーソンによる科についての分類とも一致する。

このようにさまざまな研究を通して種の分化を明確になしうるならば、形態学的なデータとあわせて種の間の関係をより明確に知ることが可能となろう。

陸からふたたび海へ

恐竜が滅びた約六五〇〇万年前から食虫類のような動物を祖先として哺乳動物が繁栄してきたといわれているが、その哺乳動物のうち、クジラ類は海に二次適応したと現在は考えられている。

食虫類から進化してまもない原始的な有蹄類に属していた犬くらいの大きさのメソニックス科の陸生の動物が、アフリカ大陸の移動で存在した熱帯のテチス海の河口や浅瀬で、魚など水生動物を食べて四足で岸辺を歩き、海へ適応していったと推定されている。パキスタンとエジプトから約五〇〇〇万年前のクジラの化石が発見されており、アジア、アフリカ、北アメリカから発見された化石はもっと新しいので、陸生哺乳類からクジラへという二次適応は、約五〇〇〇万年前にテチス海で起こったと推定されている。

約四億年前に海生から陸生になったミミズのなかのあるものが、リーの述べているように、海に二次適応したとすれば、どこでいつそのような変化が起こったのだろうか。

ミミズの血液のヘモグロビンのアミノ酸配列を考察しながら、想いは太古の自然環境に至る。一九世紀後半にフランスのジュール・ヴェルヌが『海底二万海里』（花輪莞爾訳、一九六八、角川書店）というSFの名作を書いたが、現代ではSFではなく、現実に深海底の探査ができるようになった。かつては多量のプランクトンの遺骸「マリンスノー」が海底に達し、深海底の生命を維持する栄養サイクルを営なんでいると思われていた。

一九七七年に太平洋のガラパゴス沖の深海で発見されたチューブワームは、海底の噴気孔からの硫化水素を取り込み、体内の硫黄バクテリアを共生させて自らは口も肛門もなく、ヘモグロビンを血色素とする血液でガスや栄養を移送している。それまで知られていたのと異なった深海での栄養サイクルが、太陽光線とはまったく関係のない一一〇〇気圧にもなるようなところで機能している。そこで重要な生物群集を構成しているのがチューブワームである。陸生から海へと二次適応したと推定されるミミズと、太陽光からのエネルギーを基礎としない生命のサイクルの主力をしめる動物のヘモグロビンが持っている共通性は、偶然の類似なのか、あるいはなんらかの必然性を有するのか興味深い問題である。

環境汚染とミミズ

ここで扱う環境汚染物質としては、殺虫剤や枯草剤のような殺すという目的で人によって使われ、分解速度がおそく生態系内に残留して影響を及ぼしているものと、重金属のようなそれ自体は分解しないで生命活動に有害作用を及ぼしている物質についてふれる。

最近のある出来事

シベリアで繁殖し、長距離を飛んではるばる日本に来て、越冬する鳥たちのなかに、ヒレンジャクとキレンジャクという美しい人なつこい鳥がいる。

一九九七年二月のある日、NHKのニュースに耳を傾けていたとき、この鳥たちの大量死を報じていた。死んでバタバタと落ちて来たレンジャク科の鳥たちの消化管内にはピラカンサの実が多数見出されたので、この木の実による中毒死かもしれないと報じていた。

その数日前に、栄養豊かな植物として近ごろ人々に愛用されてきたモロヘイヤを食べた牛が死んだので、調べたところ茎と実に有毒成分が含まれていることが分かったという報道があった。そのことを注意するようにと報道された直後のため、あるいは天然の有毒成分による死かとも思えたが、どうしても腑に落ちなかった。

赤いピラカンサの実は目立つから、もしキレンジャクやヒレンジャクが好きなら今年だけでなくずっと食べていたはずだろう。それなのになぜ今年だけ大量に死んだのだろうかという疑問を抱いたのである。

その死は、その後各新聞で報じられたが、詳しい情報が一九九七年二月二四日の『赤旗』に掲載されたので要約を紹介したい。

長野県庁調べ二月一八日現在、一月一四日から二月一八日迄、一二ケ所からキレンジャク一四八羽、ヒレンジャク三二羽、合計一八〇羽の死が確認されている。その他に小諸市で二月八日にカケス一羽、オナガ一羽の死亡を同時に確認された。（中略）大量死の死因については謎だらけで山階鳥類研究所への問い合わせの結果は「二〇年ほど前に東京都内でヒヨドリがサクラの果肉を食べて死んだ例が報告されているが、これほど大量死は記憶にない」ということだった。日本野鳥の会への問い合わせでは「通常のケースではない。驚きをもって接している」ということだった。

その後、一九九七年三月一九日の『読売新聞』の報道を要約すると、三月一八日に長野県林務部は「共通の死因は特定できないが一部で農薬中毒などの疑いがある」との最終報告を発表した。「長野県内で一月一四日から三月七日にかけ一三ケ所で、計一八七羽のレンジャクの死骸が確認され、県はうち一二六羽の解剖検査を行なった。小諸市で見つかった六七羽の内、農薬検査した二〇羽の胃の内容物から致死量を大幅に上回る有機リン系殺虫剤が検出された。厚生省の農薬残留基準の八〇〇〇～一〇万倍という高濃度で、生ゴミなどに発生したウジムシを駆除するために高濃度の殺虫剤が直接まかれ、そのウジムシをレンジャクが集団でついばんだ可能性が高い」、また「下諏訪などで見つかった七三羽の一部から致死量にあたる毒物シアン（青酸化合物）を検出。（中略）これは自然界では未成熟の果実や種の中に多く含まれているので青い実を大量に食べた疑いもある」としている。日本野鳥の会諏訪支部の調査では広島県や、北海道、島根県、埼玉県でもレンジャクなどの大量死が報告されている。

と報じていた。

筆者の家では庭においた底のない蓋付きプラスチック容器（通常コンポストとよんでいる）で生ゴミの処理をしている。なかにはミミズも多数いる。ハエが入り込んで産卵すると、幼虫は表面にいるので熱湯をかけて処理している。この容器で作られた有機土壌は、苺や美しい花々を咲かせる植物をよく育ててくれる。

長野県の場合、ハエの幼虫を殺すつもりで高濃度の殺虫剤をまいたらしいが、もちろん散布されたその物質は、それ以外の多くの生命に影響を及ぼしているはずである。長野県林務部の発表ではミミズにふれていないが、ハエの幼虫以外にミミズもいたはずである。

『沈黙の春』

話は大きく転換する。『沈黙の春』というレーチェル・カーソンが一九六二年に書いた本がある。一九九二年七月一一日の『毎日新聞』では、アメリカの元大統領、最高裁判事、ジャーナリスト、科学者等有名知識人で構成する二二人パネルが、同パネル誕生一〇〇周年を記念して、一九四二年以来に発行された全世界の書物から名著四三冊を選定したところ、この書が最高得票を獲得した。この書物が出版された年、アメリカでは四〇州以上で殺虫剤規制法案が成立した。と報じていた。

一七章からなるこの本の八章に「そして、鳥は鳴かず」とある。

そこで扱っているのは、ミシガン大学の問題である。ニレの木を枯らす菌を運ぶキクイムシを殺すために、一九五四年にミシガン大学構内で殺虫剤散布を行なったところ、一八五エーカー（七四・八ヘクタール）の構内に少なくとも三七〇羽いたコマドリが、一九五七年六月にはたった一羽の雛鳥が見つけられたのみで、翌年には構内にヒナは一羽も見えなくなったとある。ニレの木に散布したDDTが葉について地面に落ち、これをミミズが食って体内に濃縮する。大きなミミズ一一匹の持っている殺虫剤の毒は、コマドリ一羽を殺すのに十分で、コマドリの一日の餌の量からみると一一匹というのはごく小量で、一〇分か一二分のうちに一〇匹か一二匹のミミズをコマドリはたいらげてしまう。さらに、たとえ死ななくても不妊になってしまうということだった。

一九六二年にこの本が出版され、警鐘をならしたので、人々は賢くなって毒性の強い殺虫剤を使用することを改めるかと思ったらまったくそうではなかった。

日本におけるその愚かさの例が前述のレンジャクの大量死という出来事と言えよう。ミシガン大学構内で殺虫剤散布を行なった人は、ミミズやコマドリに影響を及ぼすつもりはなかったというだろう。長野県の場合にも、ハエの幼虫を殺すだけの目的だったと施行者はいうだろう。

アメリカで高く評価され読まれている『沈黙の春』は、日本ではどう受け取られているのだろうか。

レンジャクを殺したかもしれない有機リン剤は、ハエの幼虫を殺した以外にどう行動するだろうか。生ゴミを食べたミミズに殺虫剤が摂取されれば、そのミミズを食った鳥やモグラに大きな影響を及ぼすだろう。また同時に地下水などに入り込んで人々にも影響を及ぼすだろう。

ある日本の大学の構内で

筆者が勤務している大学が東京の都心部から郊外に移転して一七年たったとき、かつて校地内に三四種観察された野鳥が、人間の残飯などに依存しているスズメとカラス以外ほとんど見られなくなっていた。原因は定かではないが、秋に落葉寸前の桜の葉を毛虫が食って大きな糞を落とすという理由で殺虫剤散布を行なったのを筆者は目撃している。このことも一因をなしていよう。そのとき毛虫はいなくなったが、たぶんその汚染された毛虫や、汚染された落葉を食ったミミズによって多くの鳥やモグラも死んだのであろう。

その後、誤りに気付いて殺虫剤散布をひかえたらしく、今年（一九九七年）の春、校地内にシジュウカラ、コゲラ、コジュケイなどがふたたび活動していることを確認できた。また、モグラの盛り上げた土もあちらこちらに見られた。

ドイツのヘッセによれば、大食漢のモグラはミミズを非常に多量に食う。ただ一個のモグラの穴に一二八〇匹、二・一三キログラムのミミズが一部を噛まれて生きたまま貯えられていたと書いている。そのように、多量のミミズを食えば一個体のミミズに含まれている毒がわずかでも、モグラの死を招くことになる。

だから、一九九七年啓蟄より少し前に校地内にモグラが作った多数の盛り土を見たときには、やっともどってきたのだと安堵感をもった。

ミミズも野鳥たちも元気を取り戻して自然の生態系の構成要素としてよみがえるとき、系全体が正常さを取り戻せるだろう。

一九三〇年代には庭のバラや菊などにアリマキが増えると、タバコの吸殻をビンにいれて水を加えておいたニコチン（植物が作りだしたアルカロイドの一種）を含む抽出液を、散布して防虫していた。トマトなどにはボルドー液などを散布していた記憶がある。

そのころ、秋の夕暮れに、水田の周囲に一定間隔で設置されていた誘蛾灯が、青色の光をはなっていた。その光に当時イネの害虫として問題だったニカメイガが誘われて水盤にはった油膜を浮かべた水に落ちて溺れて死んだのである（今はイネの栽培法が変わったのでニカメイガは主要な害虫ではなくなった）。

一九四五年に太平洋戦争が終わって以来、日本ではDDTやBHCのような有機塩素剤が人畜無害というふれこみで多量に使われだした。その後、有機塩素剤の難分解性と、昆虫にすぐ薬剤耐性ができることで有機リン剤が多量に使われだした。

安松教授の講義

九州大学農学部におられた安松京三教授は講義のなかで、戦後日本全国の水田で害虫を誘殺するために設置されていた誘蛾灯に集まる昆虫の調査を農林省農政局の依頼で九州大学と愛媛大学が行なったデータを、駐留軍当局が「誘蛾灯は有害なり」と誤った解釈をして、誘蛾灯は廃止され、農薬一辺倒の施策がとられるようになった。と憤懣やるかたない様子で講義されたと、当時学生としてその講義を聞いた村上陽三教授は、著書『クリタマバチの天敵』(一九九七)のなかで紹介している。

そして太平洋戦争終結時以来、多量に使われるようになった「殺す」ことを目的に作られた物質が、自然のなかに多量に散布されるようになった。ひどい震えで水も飲めないような症状を呈していた水俣病(有機水銀中毒)の原因が解明される前、発症者がでてからの一三年の間には、この症状は飲料水に混入したホリドール(有機リン剤の一種でパラチオンともいう)が原因の中毒であろうともいわれたそうである(パラチオンのような有機リン剤の殺虫剤は、そのように人間に対して猛毒なので、一九七二年以来日本では生産も使用も禁止されている)。そのように激しい毒性をもった物質が農業に用いられていたのである。当然退治する目的の害虫だけでなく、そこにいる多くの生命に影響を及ぼすから天敵が死んでしまって、その個体群の回復を見ないうちに二化期目のニカメイガが羽化するので、殺虫剤使用前に比してニカメイガの大発生をみるという現象を引き起こした。

ミミズに目を向けるならば、そのように殺虫剤を多用した土ではミミズは死に絶え、土は団粒構造を失い、保水力を失ってしまうのである。そのように「邪魔者は殺す」ということが習慣化したことは、長野のゴミ処理過程における有機リン剤の使用につながり、レンジャクの死につながっていよう。

畑に農夫が鋤をいれた後に、掘り返された土の中のミミズなどを食おうとムクドリが多数訪れるのをしばしば目撃する。地におりてついばむ鳥たちは、ミミズを大変好んで食っている。そのときミミズに毒物が含まれていたら、ミシガン大学構内のコマドリに起こったと同様なことが起こりうる。長野のレンジャクの死は、決してそれだけにとどまらず、有機リン剤の影響を受けたミミズなどを通して、モグラにもほかの野鳥たちにも影響を及ぼしているはずである。

重金属汚染物質

『日経産業新聞』（一九九七年三月一二日）には、

イギリスのスコットランドのスコティッシュグリーンベルト社はカドミウムやクロム、鉛など重金属に汚染された土壌をミミズを使って浄化している。広さ三〇ヘクタールの製鉄所跡地の汚染地域に約二万一千匹のミミズを放ったところ、草木が育つまで改善した。処理をせずに放置しておけば元のきれいな状態に戻るのに六〇年近くかかると見られていたが、ミミズの活躍によって二〇年以内に短縮できそうだという。現在、さらにヤナギやハンノキなど約二五万本の木を植えて浄化を促進し、将来、公園としての利用を計画している。

と報じられている。

重金属によって、ひどく汚染された土がミミズにより、早く植物の生育に適した土地に復元できることはすばらしいことに思える。

しかし、元素である物質は、消えたり無から生じたりするのではなく、この場合はミミズの体に取り入れられたのだと思われる。土のなかにバラ撒かれた状態では集め難いのをミミズが集めてくれるのだろう。だからそのような働きをしたミミズは特別に集めて処置しなければ、ミミズを通して汚染を拡大し、二次的被害を産み出すことになるだろう。もし汚染されたミミズを野鳥たちやモグラたちが食ったら大変なことになる。

一九九七年三月二八日の『読売新聞』には「オオワシ　中毒死　鉛弾飲み込んだ水鳥食べ」という報道があった。国の天然記念物のオオワシの死だから報じられたのだろう。これは北海道弟子屈町での出来事である。

もし、製鉄所跡のミミズが集めて処置されずに放置されるならば、同様のことが起こるだろう。ただそれが、オオワシの死という形ではなく、人々の生活に、「なぜか近頃得体のしれない不健康におそわれて」というかたちで現われるだろう。ミミズなどを通じて生態系のなかに広く拡散された汚染物質は、土壌や地下水や川の流れを汚染して行くからである。

それは水俣湾を汚染した水銀が、時間の経過とともに部分的な濃度は低下したものの、拡散現象によって汚染範囲の拡大をもたらし、湾全体としてみれば、水銀を取り除かない限り浄化はされないことがよく理解できるのであるのと同様である。

アメリカのカーソンの指摘を受けてイギリスの応用生態学会は、「環境中の殺虫剤とその野生生物に対する影響」というシンポジウムを一九六五年七月に行なった。

汚染物質の生物的濃縮

そのシンポジウムでイギリスのデービス（一九六六）は、「地表で餌をとる鳥に対する有機塩素系殺虫剤の運び屋としての土壌動物」と題した研究発表をした。

ニンジン畑、ジャガイモ畑、リンゴ畑などにいるツリミミズ科のルンブリクス・テレストリス（ツチミミズ）とアロロボフォラ・クロロテイカと二属のヒメミミズ科のミミズについて調べた。ニンジン畑とジャガイモ畑では、二種のツリミミズに〇・四一ppm、〇・五〇ppmのデイルドリンを、リンゴ畑では、二カ所からのツリミミズに一・七ppm、三・九ppm、ヒメミミズに一四・五ppmのpp、DDTを検出した。近くに死んでいたヒバリの胸筋からは〇・六ppm、そ嚢とその内容物中に一・九ppmのγBHCが検出された。ヒバリは甲虫をよく食うが、同じところから採集された甲虫からは八・七ppmのデイルドリンと、三九ppmのγBHCが検出されている。もちろんミミズを殺すために散布したのではない。殺すつもりのないミミズの体内に取り入れられて食物連鎖を通して野鳥や獣に取り入れられて行くのである。

環境のなかにごく低濃度で含まれている汚染物質の危険性を、人は気付かずに過ごしてきた。自然界に存在するさまざまな物質は、多くの場合、ある濃度ならときがたつと分解して生態系のなかで再利用されてきた。しかし、人工的に合成された有毒汚染物質や、毒性を持った自然の元素の場合には、分解されずに長時間生態系のなかにとどまって生物の間の食う食われるという関係、いわゆる食物連鎖関係によって、ときには一〇〇万倍にも濃縮される。川の水に流された微量の殺虫剤に関してこのような研究を行なった一つを紹介したい。

アメリカのウッドウエル（一九六七）の「ニューヨークのカーマンス川での農薬の生物的濃縮に関する研究」によれば、川の水のなかに、〇・〇〇〇〇五ppm含まれていたDDTは食う食われるという、いわゆる生物的濃縮という現象によって、カモメの一種の体内には一〇〇万倍に濃縮されていたことが明らかにされたのである。もちろん、イギリスのエルトン（一九二七）によって指摘された食物連鎖という、食う食われるの関係のなかで物質がどう移動して行くかということについての知見は、生態学の分野では広く認識されていた。しかし、一般の人々にはあまりよく認識されていなかったのである。

このような生態学的知見が、新潟水俣病裁判の法廷での証言として動物生態学研究者から一九七〇年一月二七日の法廷で述べられた。そして、人々に生物的濃縮に関する認識を広める役割を果たすとともに低濃度であっても水中の毒物が如何に大きな影響を生命に及ぼすかを認識させるのに大きな役割を果たした。

地球規模での汚染

ヒトが「邪魔者は殺す」という行動をとり、多量の殺虫剤や枯草剤を撒き散らして生きて行くとき、それは地球全体をひどく汚染して、ヒト自らの生命の健全な存続をもおびやかしている。

石弘之教授は『科学朝日』（一九九四年一月）で、北極圏の湖の魚をよく食べているその地の先住民イヌイット（エスキモー）の約二〇〇集落での調査の結果、母乳から高濃度のカンフェクロル（有機塩素系殺虫剤で棉、大豆、果樹などに用いられる。肝ガンを発生させるので欧米では八〇年代初期に禁止され、日本では農薬登録されていない）が検出された。

ことを述べ、さらに、

ヒマラヤ山系の高山地帯でもヘプタクロール系農薬（HCH、HCB）の汚染が山麓部より進行している。極北や世界の屋根までもおよんだ化学物質汚染に対し『農薬規制条約』を作る必要性がある。

と述べておられた。

自らはまったく農薬の使用とは関係のない人々までも汚染しているのである。それは人間のみならず、もちろん他の生命全体に及んでいるのである。

一九七六年七月一〇日にイタリアのミラノの近くのセベソで起こった大惨事を知っている人はどのくらいいいようか。

フラー著（一九七七）『毒雲の流れた街』（邦題――『死の夏』）にその出来事は詳しく書かれている。以下に概略を伝える。

一九七六年七月一〇日正午近くに、セベソのイクメサ化学工場で大爆発が起こった。ここでは香水や化粧品の原料に加え、二、四、五Tと呼ばれる除草剤や枯れ葉剤の原料である化学薬品のトリクロロフェノール、殺菌剤のヘキサクロロフェンを製造していた。最終製品ではなく原料の生産を行なっていた。ここでの大爆発の結果、ダイオキシンを高濃度に含む毒の雲が流れ、それが地面を被った結果、人も家畜も動物も植物も大被害を蒙ったのである。人々はそれがそのようなダイオキシンを含む毒雲であることを知らされずに数日を過ごし、健康に大変な影響を受けた。その地域の家畜は全部殺され、自然流産率は上昇し、妊娠していた多くの女性はうむことを断念せざるを得なかった。街はいまだにゴースト・タウンと化している。その後ダイオキシンのすさまじい毒性は人々に認識されるにいたった。イギリスの化学汚染の専門家ドナルド・リーは一二〇キログラムにのぼるダイオキシンが放出されたと推定したが、これは当局側の推定量の五〇倍近くで一二〇億匹のモルモットを殺すに充分な量だった。住民の急性皮膚炎に似た症状は汚染後四～六週間に始まり、翌年の一九七七年二月には更に広範に主として児童にクロルアクネがみられた。（野間宏監訳『死の夏』）

というようなこの惨劇について、手短に紹介することはむずかしい。ヒトがここで製造していたような毒物を使いつづけることを強く望むならば、ここにあげたような危険はいつでも起こりうる可能性があると、フラーは警告している。

この大爆発では合計すると、七万七〇〇〇匹の家畜が薬殺され、人間の奇形児は五三七人生まれ、二二万人が被災し、八万五〇〇〇立方メートルの土が汚染されたということである。

ここの汚染された表層土をつめたドクロ・マークのドラム缶をのせた船がその捨て場所を求めて、しかしどこでも上陸を拒否されて海上をただよっている映像をみたことがあるが、その結末にかんしては筆者はつまびらかな情報を得ていない。

ともあれ緑色植物やミミズたちによってえいえいと作られて来た有機土壌は、このような事件によって、その地からは持ち去られ、そして人も去らねばならなくなったのである。

これに止まらず、もっと悲惨な、死者だけでも二五〇〇人を越える、化学物質汚染をともなう化学工場の大爆発が一九八四年一二月三日にインドのボパールでアメリカの他国籍企業、ユニオン・カーバイト社によって起こされた。

日本でダイオキシンは

一九九七年三月二九日にテレビ朝日で、「母乳からダイオキシン」、また三月三一日のＮＨＫ総合のテレビ番組では「どうするダイオキシン」という報道が次のようになされた。

埼玉県所沢市、川越市、狭山市、三芳町の境の雑木林で産業廃棄物が燃やされ、そこで発生させられているダイオキシンが大気、土壌、水を通して人体に入り込み、母乳までもが汚染されている。乳脂肪一グラム当たり最高で四二ピコグラム（一ピコグラムは一兆分の一グラム）、平均で二三ピコグラムのダイオキシンが検出された。このような大量のダイオキシンの発生に取り締まる基準も法律もない。ドイツやオランダでは厳しい対策がたてられていて、ドイツでは焼却施設の規制値は排ガス一立法メートル中〇、一ナノグラム（一ナノグラムは一〇億分の一グラム）で、これを上回ると操業停止になる。日本では厚生省が緊急に設定した数値は八〇ナノグラムである。

一九九七年四月七日の『しんぶん赤旗』は、「埼玉・朝霞　高濃度のダイオキシン検出、七月から焼却炉を使用中止」という見出しでダイオキシンの問題を報道していた。朝霞市が九年前に「市クリーンセンター」に建設した焼却炉に関してである。

厚生省が昨年十月に全国で実施した調査では、この焼却炉の排ガス一立法メートル中二七〇ナノグラムのダイオキシンが検出されていた。行政が人の生命を尊重しないと大変危険だと思う。ドイツの規制の五四〇倍を測定していながら、報道によって人々が不安をつのらせてはじめて、それも三カ月も先に使用禁止措置がとられるのである。

さらに『しんぶん赤旗』（一九九七年四月七日）が「主張」で報じているところによれば、埼玉県が、所沢市と周辺地域で実施した調査では、土壌一グラム当たり最高一三〇ピコグラムで、環境庁が危険性評価に当たって行なった都市部での土壌の推定濃度、二〇ピコグラムの数倍である。ドイツでは、土壌中のダイオキシンが一〇〇ピコグラム以上の場所では小児の土壌接触を防止する対策が必要とされているということである。

有毒物質は、「殺虫剤」とか「枯草剤」とか殺すことを目的とした化学物質に由来するのみならず、ゴミの処理過程でこのように発生する。

人間が現在のような生活をする以前にはこのようなことは起こらなかったであろう。もちろん人間の母乳にダイオキシンが含まれることは危険だし、人間の生存にとって不安が付きまとう。だが人間にのみ影響があるのではない。人間の行為によって他の動物や植物も大いに影響を受けているはずである。

庭からミミズが消えた

一九九七年二月二十日の『東京新聞』に、「庭からミミズが消えた」状態と原因を知りたくて調べ、まとめた結果が東京電力主催「サイエンスグランプリ九六」で評価され、最優秀作品賞に選ばれた鈴木さんという小学校五年生の生徒の研究の紹介が載っていた。「私の家の庭には、なぜミミズがいなくなったのだろうか」と目黒区に住んでいるこの女生徒の行なった研究について、

東京都内を歩き、公園や神社の土と酸性度と土の中の生き物を丹念に調べた。調査の結果、コンクリートジャングルの東京では公園、街路樹の植え込みなどしか土がなく、土壌動物も少ないことが分かった。土壌動物の減少は生態系のバランスを崩すことになり、「東京の土は病気」と〝診断〟している。

と報道していた。

筆者も一九四五年に戦災で家を焼かれるまで目黒区の住人だった。そのころは庭に多数のミミズがいたし、ニワトリがそれをついばんでいた。家庭の生ゴミは庭に掘った穴で処分し、燃える木の屑などは風呂を沸かす燃料に使った。半世紀の間の大きな変化を知る時になぜか、まだ間にあう、どうにかならないかしら、という気持ちにさせられる。

鈴木さんは調査の対象にしていないが、今多くの家にほとんど数種類の殺虫剤があって、その危険性の認識なしに意外に不注意に使われている。そのような物質がミミズの消失の一因をなしているとも思えるのだがどうだろう。

衰退した自然の蘇り

かつてゴルフ場ではミミズがいるとグリーンの芝生の上に糞を出すし、それを餌としてモグラがやってきて盛土をしてしまうということで、ミミズを殺すための薬剤も用いられたということである。また、芝以外のいわゆる雑草を殺すための枯草剤も多用されたときいている。そのような農薬による地下水や小川の水の汚染も危惧されていた。

それが近ごろは芝の育成にミミズの糞を多量に与えるようになって、それを提供する事業もなりたっているときいた。筆者は人の意識が変わると環境に対する対応も変わりうるものなのだと多少将来に希望をもちはじめている。

安易に殺虫剤や枯草剤・殺線虫剤などを使用する前に、まず相手をしっかり確認して欲しい。単に見て好きになれないだけで、殺してしまおうとしたりしていないだろうか。モグラだってミミズだって土にとっては重要な生物である。モグラはミミズを好んで餌にするばかりでなく、地中にもぐっている芝の害虫である鱗《りん》し目の幼虫やさなぎなどを餌にしているのである。

ニコチンを含む液はある種の昆虫の防除には有効に作用するし、マリーゴールドはその根から線虫を防除する物質をだしている。また東京にもたくさん見られるようになったクスノキの落葉を利用してポットの雑草よけに用いている例もある。クスノキの葉をもんで香りを確かめてみると、樟脳に用いられた精油が含まれていることに気付く。

このような天然に作られたものは酵素によって自然に分解されるから、そのまま長く残って多くの生命に悪影響をおよぼすことはないだろう。

ましてや害虫に悩まされているわけでもないのに、日程表に従って、殺虫剤散布をするなどということはつつしむべきである。

そのように有毒物質に対し注意深く扱うことは、ミミズや他の生命の生存を可能にするのみならず、行為者である人間の生命の健全さをも保証することにつながるであろう。

熱帯林とミミズ

地球上の生命の源について現在私たちは大きく二つのルートを認識している。

一つは海底の噴気孔からの硫化水素を源としている。そこには硫黄バクテリア、シロウリガイ、チューブワーム、深海魚などから構成される生態系がある。そこには口も肛門もなく物を食べることを放棄した動物チューブワームが多数生存しており、ムカシフトミミズ科のポントドリルスと類似のアミノ酸配列をもったヘモグロビンを血色素とする血液を有していることは、すでに三章でふれた。水圧も高く、暗黒のこの世界と人間との生活は日常あまり大きな接点を持たないのでこれ以上はふれない。

もう一つの生命の源が太陽である。

約一五〇億年前に宇宙のビッグ・バンで成生した太陽では今も水素、重水素、三重水素などが核融合をなし、ヘリウムが生成されて、その巨大な核融合のエネルギーを発散させている。そのエネルギーは、一分間に一平方センチメートル当たり一・九六グラムカロリーが地球に到達しており、これは太陽恒数といわれている。雲などに吸収されて地表に到達するのは、最大でも六七パーセントといわれている。約四六億年前に生成された地球に、そのような太陽エネルギーが到達し、約三五億年以上前に地球上に生じた生命は、それを用いて生きつづけてきた。そして海中に生活していた生命がやがて陸上に上がった。その陸上での生命を長期にわたって支えてきた、目立たない働きものがミミズだと言えよう。なぜならミミズは陸生の多くの生き物が生活の基盤としている土壌の生成に大きく関わってきているからである。

化石からは約四億年前に、すでにミミズは陸上に生息していたと見られる。大陸は移動し、恐竜をも含む多くの種が生じ、また滅びていったが、ミミズは今もわかっているだけでも三〇〇〇種生きている。

地球は、半径が約六四〇〇キロメートルのほぼ球形に近い惑星である。現在地球表面の約七〇パーセントは海で、残り三〇パーセントの陸地の内、約三〇パーセントが森林、草地と高山帯がそれぞれ約二〇パーセントずつであり、のこりの三〇パーセントは砂漠である。

このうち、緑豊かな森林の物質代謝の過程で重要な働きをなしてきたのがミミズであろう。

アマゾンとパプア・ニューギニアで

アマゾンの湿潤熱帯林で国連大学のプロジェクト研究をつづけて来たフランス人科学者、パトリック・ラヴェルが述べているように、樹木の存在が有機土壌の流出を防いでいるし、そこにはミミズが多数生存しているが、もし木を伐り払ってむきだしの休耕地になると、有機土壌の流出は年間ヘクタール当たり四〜七〇トン（一平方メートル当たり四〇〇グラム〜七キログラム）にも及ぶそうである。自然植生のある森林の有機土壌に多数すんでいるミミズは大きな木を伐り倒した跡に、代わりに木を植えてももうすめなくなると述べていた。

筆者が一九八八年にパプア・ニューギニアのマダンで経験したのもまったく同様の現象

だった。JANT社（パプア・ニューギニア政府と日本の企業の合弁会社）によって、大きな木がどんどん伐り倒され、チップにされて日本の製紙工場に運ばれていた。その伐採あとにカメレレ（ユーカリの一種）、イピルイピル、ターミナリアなどが単植で植樹されていた。

有機土壌は、森林伐採後の激しいスコールで流出してしまい、薄い固い土しかなかった。赤道近くでのスコールは垂直に近い状態で激しく降下し、もし樹木が受け止めないと、ホースの先から高圧の水を噴出しているように地面に当たり、それは集まって急流の川の水のように地表を流れ、表層土壌を運び去ってしまう。

植樹後、約二五年経過しているというのに木々の生長はあまり思わしくなかった。さらに害虫が発生して殺虫剤が散布されていた。ここのイピルイピル林でミミズを調査しようと土を掘ったが、ミミズはほんのわずかしか生息しておらず、土が固すぎて筆者が愛用していたフィールド作業用のスコップの柄がこわれてしまったほどだった。

低地の熱帯降雨林は、樹種が豊富で気温も高いから生物の物質代謝速度は早く昆虫も早く育つ。樹種が豊富であることは、それに依存する昆虫たちの種構成も多様性に富んでいることを意味する。

そのようなところから木を伐るのだから樹種が揃わないので、木は木材としてよりも、チップにして製紙の材料にしていた。植林に際しては同一種、同一樹齢の苗を植えるから、一斉に生育し、養分、水、光をめぐる競争が起こる。さらに、そこにある種の昆虫がすみつくと周囲のすべてが、彼らの食用に適しているからどんどんふえる。するとそれに殺虫剤を用いる。それは有害物質だから川の水を汚染し飲水としての利用を不可能にしてしまう。かつては林にすんでいたキノボリカンガルー（クスクス）のような動物も餌とすみ場所を失ってすめなくする。

もちろん、落葉とともに、また降雨とともに土壌に到達した有毒化学物質で、ミミズを含む土壌動物たちも悪影響を受ける。そして森林に生活の基盤をおいた現地の人々は、野生の獣や木の実から食物をえられなくなり、また水は汚され、森林の伐採労働者として働いて得られるわずかな賃金ですべてを消費経済に頼らざるをえなくなる。

標高約一二〇〇メートルのところに、ビショップ博物館の野外研究施設ワウ生態学研究所がある。近くで調べた森林の土壌にはミミズも多く、キノボリカンガルーなども生息していた。人々は手製の弓と矢でそれを仕留めて焚き火でやいてタンパク源としていた。焼畑として切り開いた畑ではマリー・ゴールドと野菜とマメ科の植物が組み合わされて栽培されていて、殺虫剤は使っていなかった。一九五〇年代にはまだ新石器時代的生活をしていたといわれている人たちに対する研究所の人達の指導と援助によるものだった。

マリー・ゴールドは、その根からの分泌物で土のなかの作物の根に悪影響を及ぼす線虫（ネマトーダ）のような動物から植物を守っていた。

マメ科植物は、根に共生している根瘤バクテリアによって、窒素固定を行なうから植物の生育に必要な窒素の供給に対して有効である（植物は水溶性の窒素を根から吸収している）。それと堆肥によって野菜が作られていた。

村はずれに設けた簡易マーケットでそのような野菜を生産者が売っていた。そこで購入された彼らの主食であるサツマイモは味も、口あたりも、大きさも多様性に富んでいた。病気、天候、害虫などさまざまな要因からの被害をふせぐには適した対応である。

殺虫剤や枯草剤が使われず、化学肥料が使われない、そのような土壌では、ミミズも当り前に自然の生態系の一構成要素として生育していた。森林には薬用になる植物も食用になる植物もあった。カダモンというジンジャーの一種をみつけたとき、仕事を手伝ってくれていた現地の青年は目を輝かせて「これはおいしいよ」といって嬉しそうに味わっていたのが印象的である。おいしいと同時に健康によい植物だそうである。

このように森林の自然植生があり、それを切り開いて作った焼畑が人々に大きな恩恵を与えていた。

アマゾンの熱帯降雨林を切り開いて牧畜を行ない、植物の収量が落ちると放棄し、その森林の荒廃は人工衛星からでも見られるということである。

それが進行すると砂漠化につながると専門家に心配されている。

地球表面を被っている有機土壌は非常に薄く、二〇～三〇センチメートルくらいのところが多い。これが流出されてしまうと母岩が風化してできた栄養の少ない土が現われる。

樹木も草本もないところに自分をおいたと想像して欲しい。太陽からのエネルギーは地表に届くが、それを受け止めて光合成が行なわれないからエネルギーは地表を熱し、さらに余分なエネルギーは系から去ってゆく。温度の日較差は非常に大きく、夜になると非常に冷え込んでしまう。

一度、ひどく荒廃させた土地に緑を復元することは至難の業である。ロシアの動物学者、ギリャロフ博士がリー博士の研究を紹介している論文によれば、ニュージーランドの乾燥した草原にミミズを放った試みがある。

ミミズの分布は現在の環境が適しているかどうかではなく、歴史的要因によっていることがある。一度導入されると生息していなかったミミズでも、非常によく馴化して土着のミミズにおき代わってしまうことがある。はじめ南半球にはいなかったヨーロッパのツリミミズ科のミミズをニュージーランドに導入したところ、急速に土の改良と肥沃度の増大をもたらした。

酸性で均質な草原の五ケ所の石灰質土壌に、二五個体のカッショクツリミミズを放し、四年後、ミミズを放した所から数メートルの所に濃い緑が目だち、八年後には、約一〇〇メートル離れたところまで草の伸びがよいことが顕著だったということである。

ミミズの活動によって乾燥した草原の土が、徐々に緑を増して行く。そこに注意深く植樹してゆけば自然環境も豊かなものになって行こう。

逆の動きをモンゴルの草原に見ることができる。寺田博士（私信）によれば、羊の過放牧の結果、草原は荒れ、大きなミミズはすめない状態であるとのことだ。顕微鏡的な大きさのヒメミミズのみ生息してる。

系の物質循環のバランスを考慮しながら草原と羊の関係をうまく管理してゆかねば、やがて豊かな牧草を期待することはむずかしくなろう。

前述のように太陽エネルギーを緑色植物が固定し、植物体を生産する。植物が地表を被うことによって土の保水力も、表層土を固定する力も増す。その植物を羊が食い、人が羊を利用する。しかし土が豊かな生産力を保持してゆくためには、それなりの物質の循環やエネルギーの流れのバランスを保持してゆかなければ、生態系内の物質代謝過程がうまく進行しなくなる。

このような過程で、その物質代謝過程をうまく進行させている陰の働きものであるミミズのことも人は心して欲しい。

モンゴルの草原は、現在日本にもいるミミズたちの故郷である。そこに今、大型のミミズをなかなか見出せないのは健全な自然の姿とは言えないであろう。

一つの卵細胞からの出発

その生命のはじめは、ヒトもミミズも一個の卵細胞である。直径が一ミリメートルの数分の一しかない一個の卵細胞のなかに核があり、核のなかにある染色体上にあるDNAの持っている情報によって生命のあり方が決まってくる。顕微鏡的な小さなヒメミミズも、メガスコリデス・オーストラリスのような巨大ミミズも、ヒトもすべてその情報によって生存するに至っている。最初の小さな卵細胞からその後、どの生命も外部から物質を取り入れて体を形成している。その物質は、私達を取り巻く生態系のなかにある物質である。

毒のあるミミズを食ってコマドリが死に絶えたという時、おなじ生態系に属するヒトは同じような物質にふれているのである。

コマドリの死をヒトの生命と無関係なものととらえるべきではなかろう。目黒区の女生徒、鈴木さんの研究にあるように、ミミズもすめなくなった東京の都市環境は決してヒトにとって望ましい生存の場ではない。

ヒトは、ミミズよりずっとおくれて地球上に出現したが、自ら環境を悪化させている。もし、ヒトが滅び去っても、ミミズは生きつづけて、地球を緑の豊かな星として栄えさせてゆくだろう。

ヒトもミミズもその歴史性をＤＮＡに秘めて、永く健全に地球上に生きつづけられるように、ヒトは心掛けて欲しいと願いつつ筆をおきたい。

参考文献

アリストテレス著、島崎三郎訳「動物発生論」（岩波書店、一九六九年、『アリストテレス全集』第九巻所収）。

石弘之『地球への警告』（朝日新聞社、一九九一年）。

上野輝弥『シーラカンス』（講談社、一九九二年）。

大隅清治『クジラのはなし』（技報堂出版、一九九三年）。

大淵真龍『みみずと人生』（牧書房、一九四七年）。

オレイニコフ・A著、金光不二夫訳『地球時計』（講談社、一九七七年）。

カーソン・レーチェル著、青木簗一訳『沈黙の春』（新潮社、一九六四年）。

開高健『地球はグラスのふちを回る』（新潮社、一九八一年）。

カンチョルファン・アンヒョク著、池田菊訳『北朝鮮脱出記』（文藝春秋社、一九九七年）。

木崎甲子郎『南極大陸の歴史を探る』（岩波書店、一九七三年）。

木下繁太郎『漢方薬の選び方・使い方』（土屋書店、一九八五年）。

小林新二郎「西日本における陸棲貧毛類の分布概況」（『動物学雑誌』五三巻八号、一九四一年）。

孔泰溶『韓国の故事ことわざ辞典』（角川書店、一九八七年）。

酒井傳六『古代エジプトの謎』（社会思想社、一九八〇年）。

サンフォード・A・モス著、青柳昌宏訳『南極の自然誌』(どうぶつ社、一九九五年)。

シルヴァーバーグ著、佐藤高子訳『地上から消えた動物』(早川書房、一九八三年)。

E・シュルロ、O・チボー編、西川裕子・天羽すぎ子訳『女性とは何か』(人文書院、一九八三年)。

鈴木真海訳、木村康一増補、新釈『国訳本草綱目』第一〇冊(春陽堂書店、一九七六年)。

瀬脇寿雄「『テレストロ』『ロンブリシン』(蚯蚓毒)ニ就テ」(『成医会月報』No.387、一九一四年)。

ダーウィン・チャールズ著、渡辺弘之訳『ミミズと土』(平凡社、一九九四年)。

ダーウィン・チャールズ著、島地威雄訳『ビーグル号航海記』(岩波文庫、一九五九年)。

田中伴吉、額田晋「蚯蚓の解熱作用及ビ其有効成分」(『東京医学会雑誌』29・No.3、一九一四年)。

デシャン・ユベール著、木村正明訳『マダガスカル』(白水社、一九八九年)。

徳富健次郎『みみずのたはこと』(岩波書店、一九三八年)。

長沼毅『深海生物学への招待』(NHKブックス、一九九六年)。

中村方子『ミミズのいる地球』(中央公論社、一九九六年)。

畑井新喜司『みみず』(改造社、一九三一年)(復刻版、サイエンティスト社、一九八〇年)。

羽根田弥太『発光生物』(恒星社厚生閣、一九八五年)。

ヴィヴィアン・ディヴィズ著、塚本明広訳『エジプト聖刻文字』(學藝書林、一九九六年)。

フラー・ジョン著、野間宏監訳『毒雲の流れた街』(邦題『死の夏』アンヴィエル、一九七七年)。

ホワイト・ギルバート著、寿岳文章訳『セルボーンの博物誌』(岩波書店、一九四九年)。

牧野武朗編集『体質別・症状別漢方薬事典』(マイヘルス社、一九七六年)。

牧野武朗編集『薬食健康法事典』(マイヘルス社、一九七六年)。

マルコ・ポーロ、長沢和俊訳・解説『東方見聞録』(小学館、一九九六年)。

村上陽三『クリタマバチの天敵・生物的防除へのアプローチ』(九州大学出版会、一九九七年)。

本川達雄『ゾウの時間、ネズミの時間』(中央公論社、一九九二年)。

山岸哲『マダガスカル自然紀行』(中央公論社、一九九一年)。

湯浅浩史『マダガスカル異端植物紀行』(日経サイエンス社、一九九五年)。

吉村作治他『エジプト　ブルーガイド海外版』(実業之日本社、一九八〇年)。

「なまゴミ処理にミミズ作戦」(『毎日新聞』一九九二年七月二八日)。

「深海の生物ハオリムシ、鹿児島湾に群生」(『毎日新聞』一九九三年一一月一日)。

「少ない牛肉、代わりにミミズも」(『読売新聞』一九八〇年二月二五日)。

「ミミズでゴミ退治、国立市」(『読売新聞』一九八〇年二月二二日)。

あとがき

時間とは不思議なものである。山梨県須玉の由緒ある寺で除夜の鐘をつき、去る年の煩悩から解放され、元旦の朝、七時九分、山の端に現われた初日の出を仰いで筆者の一九九七年は始まった。その時、時間は他の時とは違って特別なものに感じられた。人の感じ方はどうであろうと時間はいつも同じように刻々と流れて行く。

冬の夕刻、山の端にかかった真っ赤な夕日が幾つか数を数える間に山陰に沈み、茜色に空を染める。

太陽はいつ見ても偉大な天体である。その存在ゆえに私達の生命が存在できることを感じる。子供時代は神秘的で偉大な太陽という認識のもとにさまざまな民族の民話の中にヒトと太陽の関わりを感じてきた。

しかし現代の科学のもと、筆者も多くの人達も一五〇億年前に宇宙で起こったビッグバン（大爆発）の結果、太陽系宇宙が誕生し、太陽で起こっている水素の核融合によって生ずるエネルギーが、一平方センチメートル当たり一分間に一・九六グラムカロリー（太陽恒数）送られてきていることを今は知っている。

アインシュタインによって、質量に光速の二乗を乗じた量がエネルギー量と等式で結ばれることが明らかにされ、そのことが人々の共通の知識となってからまだ一世紀とはたっていない。同じ自然現象に接しながら、人はその認識の違いによって行動が異なってきた。日照りや冷害に対処しようと生贄を捧げるようなことの無意味さを今の人々は知っている。初日の出や美しい夕日によせる感性は大切にしながらも、私達は今時間の経過の中における物事の存在のあり方についての認識の仕方をまとめて見るのも意味のあることと思う。

本書では、前述のような一五〇億年前のビッグバンに始まる太陽系宇宙の中で、約四六億年前に地球が生成され、約三八億年前に最初の生命が誕生して、そしてＤＮＡのもつ情報によってＬアミノ酸が結合されて生命が作られ、その生命が三八億年の継続の中で多様性を増したり、あるものは絶滅したりしてきたことを基本的な知識とし、そのような生命の歴史のなかで四億年以上の歴史を有するミミズと約四〇〇万年の歴史を有するヒトとの生命に関する知見を扱ってきた。

歴史的ともいえるような時間もある一方、一個の卵細胞が受精してからその細胞が示す劇的ともいえる瞬時の変化もまた時間と生命の関係である。スケールのとり方が全く異なっているが、その両者を扱おうとした。

筆者がミミズに焦点をあてて研究を志してからもう四〇年以上の時間を経過した。しかしそのうち、理学部助手としての二六年は実に複雑で細々とミミズへの想いをつないできた時と言えようか。昼間部と夜間部の学生や大学院生の教育と指導にあたる一方、凍てついた実験圃場での石拾いから炎天下での草むしりなどを含む、研究室のあらゆる管理的雑用などをとどこおりなく行ない、その上でまだ余力があれば研究してもよいという状態の日々だった。これらの仕事を行なうには、いわゆる公務員の勤務時間のほとんどを要する。休日や夜間を費やしてやっと研究に取り掛かれた。花形の研究分野以外では人事の交流はあまり頻繁ではなく、同じ分野でよりましな研究機関の研究室に転職することは望んでも至難の業であった。

しかもこの二六年の間、約一五年は上司であった教授の逆鱗にふれたがゆえにほとんどミミズとは離れていたのである。アメリカのベトナムでの枯れ葉剤作戦が進められていた最中、日本の国有林の下草管理に枯れ葉剤を用いることを是とする研究への協力を断わったためであった（講座制の研究室で教授の意に従えないことは、そこに所属する、失業保険の適用もうけられない人間にとっては死活問題だったのである）。

木登りもできない筆者に、磁石もきかない溶岩流の上の亜高山帯針葉樹林の約一七メートルくらいの樹高の木々の樹冠の生物生産力の測定を、年間約一万四〇〇〇円位の研究費で行なうように指示されたりもした。

今になると、そのような経験をしたことは素晴らしいことだった。ミミズだけを対象に研究しようとしていたらとっくに息切れしていただろう。周辺の科学の進展が見られて初めて総合的に対象をよりよく認識できるものだからである。

ＤＮＡの構造が解明されたのは、筆者が大学を卒業した後の一九五三年四月であり、それ以来、生命の認識は大きく変化した。ヒトの染色体に関して正確に認識されたのは一九五六年のことだった。その後、染色体上の情報が詳しく調べられた。プレートテクトニクスが人々の共通の知識となりだしたのは一九六七年以降のことであった。

筆者にとって、日本のミミズについての同定が可能になったのはイーストン（一九八二）の総説にふれて以降である。

このような諸分野の研究の成果と研究方法の発展と結びついて、ミミズに関する筆者の認識も形成されてきた。あせってもミミズに関して単独で分かることは多くなかっただろう。細々とでもあきらめることなく、ミミズという対象について何かを明らかにしたいと努力し続けて現在にいたっている。

ミミズのヘモグロビンのアミノ酸配列に関する知見は、共同研究者、宍倉文夫博士に多くを負っている。カブトガニ、ホヤ、ミミズの血液のヘモグロビンのアミノ酸配列に関して宍倉博士は多くの優れた研究をなさっておられる。共著論文（一九九六）の概略を三章二節「ミミズの分化」で扱った。

筆者は、一九九六年に『ミミズのいる地球』（中公新書）を著した。同じミミズに関する書でも、本書とは接点を大きく異にしている。

ガラパゴス諸島の島から島へと小さな漁船をチャーターして移動していたとき、波の荒い太平洋の外洋で船が転覆したら筆者とミミズとの長い間の付合いのすべてを、誰にも知られず海中に沈めてしまうことになると思ってまとめたのがさきに刊行した小著である。本書とともにあわせてお読みいただければ幸いである。

中央大学には、このような研究をすることを可能にしてくれたことに感謝の意を表したい。

一々お名前を挙げないが文献入手等に際し御協力いただいた図書館員、その他多くの方々の協力に感謝する。

吉川弘文館がこの度、歴史文化ライブラリーの企画に加えて下さったことに感謝したい。また編集に関しお世話をいただいた編集部の上野久子氏に感謝する。

一九九七年十月

中村方子

著者紹介

一九三〇年、東京都に生まれる
一九五三年、お茶の水女子大学理学部動物学科卒業。東京都立大学理学部勤務を経て
現在、中央大学経済学部教授・理学博士

主要著書
ミミズのいる地球　教養の生命科学

歴史文化ライブラリー
31

ヒトとミミズの生活誌

一九九八年二月一日　第一刷発行

著　者　中《なか》村《むら》方《まさ》子《こ》

発行者　吉川圭三

発行所　株式会社 吉川弘文館
東京都文京区本郷七丁目二番八号
郵便番号一一三―〇〇三三
電話〇三―三八一三―九一五一〈代表〉
振替口座〇〇一〇〇―五―二四四

印刷＝平文社　製本＝ナショナル製本
装幀＝山崎　登（日本デザインセンター）

歴史文化ライブラリー

1996.10

刊行のことば

現今の日本および国際社会は、さまざまな面で大変動の時代を迎えておりますが、近づきつつある二十一世紀は人類史の到達点として、物質的な繁栄のみならず文化や自然・社会環境を謳歌できる平和な社会でなければなりません。しかしながら高度成長・技術革新にともなう急激な変貌は「自己本位な刹那主義」の風潮を生みだし、先人が築いてきた歴史や文化に学ぶ余裕もなく、いまだ明るい人類の将来が展望できていないようにも見えます。このような状況を踏まえ、よりよい二十一世紀社会を築くために、人類誕生から現在に至る「人類の遺産・教訓」としてのあらゆる分野の歴史と文化を「歴史文化ライブラリー」として刊行することといたしました。

小社は、安政四年(一八五七)の創業以来、一貫して歴史学を中心とした専門出版社として書籍を刊行しつづけてまいりました。その経験を生かし、学問成果にもとづいた本叢書を刊行し社会的要請に応えて行きたいと考えております。

現代は、マスメディアが発達した高度情報化社会といわれますが、私どもはあくまでも活字を主体とした出版こそ、ものの本質を考える基礎と信じ、本叢書をとおして社会に訴えてまいりたいと思います。これから生まれでる一冊一冊が、それぞれの読者を知的冒険の旅へと誘い、希望に満ちた人類の未来を構築する糧となれば幸いです。

吉川弘文館

〈オンデマンド版〉
ヒトとミミズの生活誌

歴史文化ライブラリー
31

2017年（平成29）10月1日　発行

著　者　中《なか》 村《むら》 方《まさ》 子《こ》
発行者　吉 川 道 郎
発行所　株式会社 吉川弘文館
〒113-0033　東京都文京区本郷7丁目2番8号
TEL　03-3813-9151〈代表〉
URL　http://www.yoshikawa-k.co.jp/

印刷・製本　大日本印刷株式会社
装　幀　清水良洋・宮崎萌美

中村方子（1930～）

ISBN978-4-642-75431-6